BENJAMIN MOREL

LA FRANCE EN MIETTES

Régionalismes, l'autre séparatisme

LES ÉDITIONS DU CERF

www.editionsducerf.fr
24, rue des Tanneries
75013 Paris

ISBN : 978-2-204-15096-5

Introduction

Imaginons. Un président de conseil départemental déclare à la presse que la France est un pays ami. Il fait adopter, par l'instance qu'il dirige, un hymne, dont les paroles prônent la rupture avec la communauté nationale, écrit par un auteur ayant dirigé un journal antisémite. Pendant ce temps, un maire tentant de s'opposer à ce que le drapeau français soit décroché par des militants du fronton de sa mairie est violenté. Des jeunes lycéens manifestent et caillassent des policiers et tentent de brûler des bâtiments publics en hommage à un militant emprisonné pour avoir abattu, dans le dos, un préfet. Imaginons les réactions outrées, révoltées. À raison. Imaginons les gros titres de la presse s'emparant de l'affaire. Le ministre de l'Intérieur sur place ; le président de la République même ! Le Conseil départemental est dissous par décret, alors que le maire est porté en héros dans un territoire déclaré perdu de la République. Les faits paraissent improbables, pourtant…

Nous sommes le 18 juillet 2016 et le tout nouveau président de l'Assemblée de Corse, Jean-Guy Talamoni annonce que la France est un « pays ami ». Dans la campagne présidentielle qui suivra, nombre de candidats, dont Emmanuel Macron, dans son discours de Furiani du 7 avril 2017, donneront des gages aux nationalistes corses. En 2021, la région Bretagne a adopté comme hymne officiel le *Bro gozh ma zadoù*, qui est une ode à l'indépendance de la Bretagne, appelée à se libérer : « Sois sans chaînes mon pays ! [...] Si la Bretagne a été vaincue dans les grandes guerres. Tu es désormais réveillée, ma Bretagne ! » Il fut rédigé par François Jaffrennou, condamné à la Libération et auteur prolifique de la presse collaborationniste et antisémite bretonne. Celui-ci trouvait heureux, en 1943, que la « question juive » ait déjà été réglée depuis le XIVe siècle dans cette belle région[1]. Sans même l'excuse d'une folie passagère durant l'Occupation, il fustigeait dès 1913, « les Parisiens et autres nègres français qui n'ont plus ni traditions, ni langue, ni esprit racial[2] ». Ses paroles sont donc à présent entonnées par les conseillers régionaux à la fin de chaque séance. Elles sont aussi reprises en chœur le 8 avril 2021 devant l'Assemblée nationale par Paul Molac, pour fêter le vote de

1. *La Bretagne*, n° 568, 18 janvier 1943.

2. « Les Parisiens et autres nègres français qui n'ont plus ni traditions, ni langue, ni esprit racial. Ainsi, parce que la loi confère au Breton et au nègre martiniquais le même droit de vote, le nègre est un Breton, et le Breton est un nègre. Assurément, un Druide ne saurait comprendre ce syllogisme normand ou nègre et je veux espérer qu'un Breton ne le comprendra jamais. C'est grâce à la propagation de semblables syllogismes que tant de métèques s'implantent partout, moissonnent le blé et corrompent l'esprit des peuples assez simples pour les adopter. » « Les métèques », *Breiz Dishual*, 10, avril 1913, p. 4.

sa proposition de loi sur les langues régionales. L'élu entraîne alors dans son enthousiasme vocal plusieurs de ses collègues, dont Valérie Rabault, alors présidente du groupe socialiste. On gagera qu'elle ignorait alors sans doute ce qu'elle était en train de fredonner.

Autre miette d'Hexagone, le 14 juillet 2021, au Pays basque, à Saint-Jean-de-Luz, le maire est agressé pour s'être opposé à l'arrachage du drapeau tricolore par des indépendantistes. Il se fait insulter de « sale Français » et gifler. Début mars 2022, des manifestations en l'honneur d'Yvan Colonna dégénèrent en Corse, amenant au lynchage de policiers et à l'incendie de bâtiments publics. Le président de la collectivité ne condamne pas vraiment les violences, soutient les manifestations, mais demande aux manifestants, dans un communiqué du 8 mars, de « ne pas s'exposer à des risques physiques ». Il en profite dès le lendemain pour demander l'autonomie.

Dans toutes ces affaires, pas vraiment de sujet sur les chaînes d'information en continu. Peu d'articles, si ce n'est dans la presse quotidienne régionale. Encore ces derniers sont-ils souvent enthousiastes, notamment concernant le *Bro gozh ma zadoù*. Parmi ces affaires, les seules à avoir fait quelque bruit furent les manifestations en hommage à Yvan Colonna et l'adoption de la proposition de loi de Paul Molac. Toutefois, sur cette dernière, ce fut pour s'en réjouir et lorsqu'elle fut en partie censurée, ce qui était assez probable, pour s'étonner d'une attitude rétrograde du Conseil constitutionnel. Pas non plus de président de la République, ni même de ministre de l'Intérieur, pas même de ministre chargé des Collectivités territoriales. Enfin, sauf dans le cas des manifestations en Corse de mars 2022 où le ministre de l'Intérieur Gérald Darmanin est dépêché pour négocier sur la base des revendications nationalistes.

L'ABOLITION DE LA RATIONALITÉ

Au lecteur non averti, il faut dire que nous entrons dans un monde parallèle. Un monde où commémorer quelqu'un à qui les autorités nazies ont fait des funérailles officielles est un signe résolu d'ouverture au monde. Un univers où assassiner un fonctionnaire dans le dos ne fait pas de vous un criminel, mais un prisonnier politique, et où des associations sont dédiées à la collecte de fonds pour vous défendre. Un monde où enseigner une langue construite de toutes pièces au milieu du XXe siècle, là où jamais elle n'a été parlée, aux dépens de langues régionales historiques en voie de disparition, c'est sauver une culture.

Pour comprendre comment une telle conception alternative de la réalité peut s'imposer, il faut bien entendu évaluer le poids de l'idéologie et des groupes sociaux. Tenons-nous ceci pour dit : l'identité nationale, c'est mal, parce que cela apporte la guerre, alors que l'identité régionale, c'est bien, car c'est synonyme d'ouverture. Qu'importe que la plupart des résistants fussent de vrais patriotes, pendant que les régionalistes se vautraient majoritairement dans la collaboration. Quelques historiens amateurs, subventionnés par un institut culturel ou une collectivité, montreront qu'eux aussi faisaient en réalité œuvre de tolérance. Ils participaient à la belle utopie incomprise d'une Europe des régions qui, après une première heure de gloire durant l'Occupation, a trouvé aujourd'hui une légitimité renouvelée.

Qu'importe également que l'ensemble de l'Europe soit en crise pour les mêmes causes. Qu'importe que l'Espagne soit au bord de l'explosion. Qu'importe qu'en Italie la Ligue refuse de payer pour les « fainéants » du Mezzogiorno, qui n'ont même pas de gènes celtes. Si ! Les Italiens du Nord sont des Celtes[1], nous y reviendrons ! L'ancien garde des Sceaux et député du Finistère Jean-Jacques Urvoas voit ainsi dans les nationalismes catalan ou écossais « une ouverture au monde, un enrichissement tant humain que matériel[2] ». En revanche, il prend bien le soin de rappeler que les « nationaux populistes », eux, doivent être combattus. Les identités régionales sont selon lui « xénophiles », les identités nationales, en revanche, non. La preuve, elles ne sont pas régionales. Il en va de même des violences contre les musulmans en décembre 2015, en Corse. Jean-Guy Talamoni déclare : « Il faut faire la différence entre ceux qui ont exprimé leur émotion et ceux qui sont

1. AVANZA Martina, « La Ligue du Nord : de la défense des dialectes à la recherche d'une langue nationale padane », *Mélanges de l'École française de Rome. Italie et Méditerranée*, 117/1. 2005, p. 313-330.

2. URVOAS Jean-Jacques, *Pour une assemblée de Bretagne. Manifeste pour une mutation institutionnelle*, Paris, Dialogues, 2014, p. 70-71.

simplement des racistes, manipulés par certains groupuscules d'extrême droite, qui sont en contradiction formelle avec la culture corse. » Ces propos sont tenus tandis que se mêlaient slogans racistes et nationalistes dans les cortèges[1]. Là encore, les régionalistes, au fond, sont bons, car la culture corse est par nécessité synonyme d'ouverture ; au contraire, l'extrême droite, elle, est forcément continentale, donc mauvaise. Certes, les actes et les mots sont les mêmes, mais les uns sont empreints de méchanceté, alors que les autres sont liés à un excès de sentimentalité.

Comment expliquer cette capitulation de toute raison, de tout sens critique ? Elle ne se conçoit ni par l'omerta ni par le complot. Il n'y a là que naïveté, ignorance, parfois même arrogance. Si un homme politique français devait assumer un dixième des propos que nous avons déjà rapportés dans cette introduction, il serait rapidement qualifié de fasciste, à exclure du champ du fréquentable, par une grande partie de la presse et du monde politique. Mais dans le monde de l'ethnorégionalisme, tout ce qui est identitaire est ouverture au monde. L'instrumentalisation politique des symboles et de l'histoire est considérée par nos Parisiens en voyage comme l'expression somme toute exotique et agréable d'un folklore très distrayant. Car si l'on constate que les locuteurs des langues régionales réellement parlées n'ont jamais trouvé les codes pour faire avancer leurs

1. FOURQUET Jérôme, *La nouvelle question corse, nationalisme, clanisme, immigration*, Paris, l'Aube, 2017, p. 114.

exigences, les militants ethnorégionalistes sont, eux, généralement issus des catégories supérieures. Originaires d'un monde urbain ou néorural, ils disposent des entrées et des compétences pour faire valoir leurs revendications. Alors qu'ils se veulent tellement différents des « Parisiens », ils parlent la même langue que l'élite culturelle de la capitale.

La force des lieux communs

L'attitude naïve de nos élites locales et nationales repose sur deux lieux communs. L'ethnorégionalisme est l'expression d'une identité bien sympathique et ouverte au monde ; il n'est en rien dangereux, car la France n'est pas, à rebours de ses voisins, soumise à des tensions territoriales contraires à notre esprit national. La France serait en effet immunisée contre ce type de revendications ! « Parce que c'est l'esprit français cher Monsieur », répondent politiques et hauts fonctionnaires, avec un air entendu d'OSS117. Il ne faut pas sous-estimer le poids des lieux communs et de l'écume de connaissances surnageant des années d'études chez nos élites.

Il est alors possible d'argumenter. De dire qu 90 % des conflits armés dans le monde sont des luttes infranationales[1]. D'avancer que la Grande-Bretagne, l'Espagne, l'Italie, la Belgique sont dans des États en voie

1. Davezies Laurent, *Le Nouvel Égoïsme territorial : Le grand malaise des nations*, Paris, Seuil, 2015, p. 68.

de décomposition dont la vie démocratique est souvent paralysée par le régionalisme. Les mouvements de régionalisation sur le Vieux Continent font qu'avec une surface et une population limitées, on y recense 40 % des mouvements ethnorégionalistes dans le monde[1]. Emmanuele Massetti et Arian Schakel, dans une étude par régression statistique sur 227 partis régionalistes[2], montrent que la présence d'un gouvernement local multiplie leur nombre par trois. Dawn Bracanti note pour sa part que la décentralisation stimule le vote pour ces formations[3]. On peut expliquer à nos belles élites que les compromis avec les partis ethnorégionalistes en accroissent l'influence et mènent à la crise ; que Boris Johnson a qualifié en novembre 2020 la dévolution – soit le processus de délégation de compétences législatives de manière asymétrique à l'Écosse, au Pays de Galles et à l'Irlande du Nord au sein du système britannique – de catastrophe ; que nous commettons les mêmes erreurs que les autres, mais vingt à trente ans plus tard ; que se tromper le premier est excusable, le faire après tout le monde et à l'heure où l'on sait comment cela se termine, c'est simplement idiot…

Nos technocrates inconséquents vous rétorqueront alors, l'Allemagne ! On pourrait répondre que

1. DAVEZIES Laurent, *Le Nouvel Égoïsme territorial : Le grand malaise des nations*, *op. cit.*, p. 7.

2. MASSETTI Emanuele, SCHAKEL ARJAN H., « Decentralization Reforms and Regionalist Parties' Strength: Accommodation, Empowerment or Both? », *Political Studies*, 65/2, 2017, p. 432-451.

3. BRANCATI Dawn, « The Origins and Strengths of Regional Parties », *British Journal of Political Science*, 38/1, 2008, p. 135-159.

l'Allemagne, justement ! Notre voisin est une nation extrêmement homogène culturellement. Par ailleurs, celle-ci connaît plutôt un mouvement de centralisation, à l'instar de la plupart des États fédéraux, là où les pays unitaires se décomposent. En sus, en Allemagne, on ne connaît pas de statuts particuliers. Toutes les régions, les Länder, disposent de compétences similaires. Or ce qui distingue les cas français, espagnol ou britannique, c'est le marchandage de compétences et de statuts en réponse aux revendications identitaires[1].

Mais comparaison n'est pas raison, diront nos politiques et nos hauts fonctionnaires, chaque pays est différent. L'esprit français empêche que ce qui s'est produit ailleurs arrive chez nous. L'esprit français, le génie national... Le taux de Bretons se déclarant Bretons avant d'être Français est passé de 19,2 % en 1990 à 30,7 % en 2000 et 38 % en 2019[2]. La Corse est aujourd'hui la région européenne où le total des scores des partis ethnorégionalistes est le plus élevé, loin devant la Catalogne, la Flandre ou l'Écosse. En 2021, ils réunirent 57,70 % des voix aux régionales, et jusqu'à 67,98 % au second tour. En 2010, les listes nationalistes n'avaient obtenu que 27,76 % au premier tour et 35,74 % au second. Quel succès politique après

1. MOREL Benjamin, « Décentralisation asymétrique et stabilité des États », *Revue Française de droit constitutionnel*, n° 122, 2022, p. 839-840.

2. Région Bretagne, *Sondage d'opinion auprès des Bretons sur la citoyenneté européenne et le sentiment d'appartenance à l'Europe*, TMO régions, décembre 2019.

que furent acceptées leurs revendications en 2015, alors qu'elles avaient été rejetées par référendum en 2003. Les mêmes causes n'engendrant apparemment jamais les mêmes conséquences, on a fait la même chose en Alsace, et peut-être, demain, en Bretagne.

Mais qu'importent les chiffres quand il y a l'esprit ! Ce dernier règle tous les problèmes. Entre la mystique et la macrostatistique, on me pardonnera de croire plutôt la macrostatistique. On peut évidemment toujours en appeler à un esprit français ou à un substrat anthropo-spiritualo-culturel, voire, pour certains, à Astérix[1]. On se permettra de douter de la solidité de telles références. Toutes ces têtes bien faites qui se veulent adeptes du constructivisme sont d'un essentialisme à tous crins en parlant de leur propre pays. Il est vrai que les politiques sont assez éloignés des travaux universitaires et que les chercheurs dont ils sont proches sont souvent, justement, engagés dans le mouvement ethnorégionaliste. À rebours de leurs lieux communs, notre pays n'a pas été immunisé par plusieurs siècles de centralisation, il a été désensibilisé. Si bien que les mêmes phénomènes qui se sont produits ailleurs surviennent ici sans que nous trouvions aberrant d'emprunter un semblable chemin.

Si l'objectif de ce livre est évidemment d'analyser ces faits, il se donne aussi pour mission de comprendre

1. HOURSON Sébastien, « Voix des territoires, voie de l'État », *Droit Administratif*, 10 octobre 2021.

pourquoi les élites politiques et médiatiques, locales et nationales, restent muettes devant ces informations. Je ne me fais guère d'illusion sur la réception de cet ouvrage par les milieux ethnorégionalistes. Leur insulte suprême sera « énarque parisien sans racines ». Évidemment, je pourrais répliquer que je viens d'Auvergne, que j'aime mes montagnes et que je n'ai pas fait l'ENA. Ils ne l'entendront pas, tant la figure de l'épouvantail est pour eux invariable. Qu'importe. Ce livre, qui fait suite à plusieurs travaux de recherche[1], ne s'adresse pas à eux. Il est destiné à ceux qui, dans ces régions, trouvent finalement commode de s'abstenir de s'indigner de leurs actions, mais même de reprendre leur discours. Cet ouvrage vise ceux, politiques et citoyens, qui jugent qu'il n'y a pas de problème, et que tout cela relève, au fond, d'un sympathique folklore. Il convient, à ce stade, de rendre hommage à quelques lanceurs d'alerte sur place. Ce livre leur doit beaucoup, notamment concernant ces faits quotidiens rapportés. Nombre d'entre eux sont anonymes, mais ont accepté de témoigner. D'autres tiennent au contraire publiquement le compte

1. MOREL Benjamin, « Décentralisation asymétrique et stabilité des États », *Revue Française de droit constitutionnel*, n° 122, 2022, p. 837-860 ; *Id.*, « La différenciation territoriale, émergence sans bruit d'un nouveau paradigme », *Revue du Droit public*, n° 4, 2022, p. 1053-1080 ; *Id.* « La différenciation territoriale, girondisme ou maurrassisme », *Humanisme*, n° 344, 2022, p. 46-54 ; *Id.*, « Quel avenir pour la décentralisation », (avec CLAVREUL G.), *Revue politique et parlementaire*, n° 1093, 2020, p. 13-28 ; *Id.*, « Pouvoirs nationaux et locaux, analyse d'un conflit au cœur de la crise », *Revue politique et parlementaire*, n° 1095, 2020, p. 117-123.

des atteintes portées à la République et on ne saurait donner meilleur conseil que de suivre leurs chroniques quotidiennes[1].

Définir l'ethnorégionalisme

Avant d'aller plus loin, il convient de mieux comprendre l'objet de ce livre. Qu'est-ce que l'ethnorégionalisme ? Yann Fournis et Romain Pasquier définissent ainsi « des organisations politiques – les partis régionalistes ou ethnorégionalistes – dont le répertoire politique est structuré par la "distinction ethnique et les revendications territoriales au sein des États établis[2]". Ces mouvements militent pour les défenses et/ou la valorisation d'une identité collective et pour une réorganisation institutionnelle de la structure du pouvoir national dans le sens d'une autonomie accrue[3]. » La notion d'ethnie est dans ces courants assez ambiguë. Elle renvoie évidemment initialement à des considérations biologiques. On retrouve au niveau paneuropéen

1. Voir par exemple le site du Groupe information Bretagne *legrib.com* ; le blog « Régionalismes » *regionalismes.info* ; le compte Twitter *twitter.com/Simeonisme*. Hommage soit particulièrement rendu à Françoise Morvan.

2. Tursan Huri, « Ethnoregionalist parties as ethic entrepreneurs », dans De Winter Lieven, Tûrsan Huri (dir.), *Regionalist Parties in the European Union*, Londres, Routledge, p. 5.

3. Fournis Yann, Pasquier Romain. « La politisation des identités régionales : perspectives ouest-européennes », *Revue d'études comparatives, Est-Ouest*, 39/3, 2008, p. 38.

une abondante littérature sur le sujet, en particulier dans la continuité de la revue *Europa ethnica*. Par ailleurs, on verra que la génétique joue un rôle parfois important dans les discours relatifs à l'identité, notamment au Pays basque ou en Bretagne. Toutefois, le passage à gauche de nombreux ethnorégionalistes dans les années 1960 rendit cet héritage plus difficile à porter. Ainsi, Morvan Lebesque, qui écrivit le *best-seller* du régionalisme breton moderne en 1970[1], fut le rédacteur en chef de *L'Heure Bretonne*, un journal collaborationniste antisémite, et écrivit à *Je suis partout* à partir de 1941. Il s'investit dans cette mouvance dès avant la guerre[2]. Bien des années plus tard, il tente de revenir sur ce legs dans le *Peuple breton*, en le redéfinissant. L'ethnie désignerait selon lui un rapport d'ouverture à l'identité qui l'opposerait au racisme[3]. Robert Brasillach aurait été content de savoir qu'il employait des militants antiracistes dans son journal. Évidemment, on n'est pas obligé d'être convaincu. Pour autant, ce changement de pied est révélateur. Si la génétique reste présente, il va falloir fonder les revendications sur autre chose. C'est alors essentiellement autour de la langue que se concentre le discours à partir des années 1960. Guy

1. LEBESQUE Morvan, *Comment peut-on être Breton ? Essai sur la démocratie française*, coll. « L'Histoire immédiate », Paris, Le Seuil, 1970.

2. AZIZ Philippe, *Histoire secrète de la Gestapo française en Bretagne*, Paris, Famot, 1975.

3. LEBESQUE Morvan, « Ethnisme ? oui, racisme ? non », *Le Peuple breton*, 82, 1970, p. 6. Lebesque fait de l'ethnie non une détermination, mais un libre choix auquel pousse le cœur de l'individu.

Héraud, qui représente l'un des inspirateurs importants de ce courant, et fut le premier candidat régionaliste aux présidentielles en 1974, note que « l'ethnie est définie par la langue » : « Il y a donc autant d'ethnies que de langues actuellement parlées[1]. »

L'ethnorégionalisme ne se résume enfin pas à un parti ou à un camp. Les orientations idéologiques de ces mouvements peuvent être très diverses. À l'étranger, le Scottish National Party s'enracine plutôt à gauche, alors que la Ligue italienne occupe un espace très à droite. Ils peuvent, de plus, être conduits à passer d'un bord politique à l'autre, pour des raisons tactiques sans que leurs revendications essentielles n'en soient atteintes. On peut ainsi observer l'évolution de certains mouvements et militants bretons, de l'extrême droite au combat anticolonial porté par la gauche, avant de s'ancrer dans l'écologie[2]. On note la même tendance de la part de nombre de courants basques[3] et catalans[4] qui, après avoir prospéré à l'extrême droite, se

1. Cité par DARD Olivier, « Guy Héraud et "l'Europe des ethnies" », *Histoire, économie et société*, 3, 2021, p. 29.

2. SCHRIJVER Frans, *Regionalism after regionalization: Spain, France and the United Kingdom*, Amsterdam, Amsterdam University Press, 2006, p. 253.

3. ANDERSON James, « Separatism and devolution: the Basques in Spain » dans CHISHOLM Michael, D.M. SMITH David M (dir.) *Shared space, divided space, essays on conflict and territorial organization*, Londres, Routledge, 1990. p. 135-156 ; CONVERSI Daniele, *The Basques, the Catalans, and Spain: alternative routes to nationalist mobilization.* Hurst, Londres, 1997.

4. SMITH Angel, MAR-MOLINERO Clare, « The Myths and Realities of Nation Building in the Iberian Peninsula », dans SMITH

sont arrimés à gauche par opposition au franquisme. Par ailleurs, et surtout, cette idéologie n'est pas l'apanage de ces formations. Elle exerce une influence très importante dans le monde culturel, dans la presse et à l'Université. Par ces intermédiaires, nous verrons qu'elle touche également les membres des grands partis nationaux. Elle transparaît, enfin, nettement dans les choix de politique publique des collectivités territoriales, et même de l'État.

Nous savons que la politique de l'autruche, voire de l'accommodement, que nous menons après d'autres, conduit au blocage et à la crise. Il est donc nécessaire de secouer, de réveiller. À défaut, ce pays sera peut-être ingouvernable, comme l'est l'Espagne, dans vingt ans. Il se sera décomposé dans cinquante. De gauche, de droite, du centre, qui se veut un peu attaché à la France et à la République doit prendre au sérieux ce qui détruit nos voisins et risque de nous ronger demain. L'ethnorégionalisme est une idéologie tendant à déconstruire la nation, dont le dynamisme politique n'est pas marginal, mais, croissant, qui hypothèque son avenir.

Angel, MAR-MOLINERO Clare (dir.), *Nationalism and the Nation in the Iberian Peninsula. Competing and Conflicting Identities*, Londres, Routledge, 1996, p. 1-32.

Première partie

Une idéologie de déconstruction de la nation

Si l'ethnorégionalisme a bonne presse, c'est qu'il a su se présenter, non pas comme une idéologie, mais comme la manifestation de cultures traditionnelles, méprisées par l'État, monstre froid et unificateur. Or, il s'agit bien d'une idéologie construite au cours de l'histoire récente. Une pensée avec ses auteurs et ses principes qui, comme toute idéologie, développe souvent un rapport hypothéticodéductif au réel. Elle nie ainsi ce qui la contredit, y compris quand il s'agit des cultures qu'elle est censée porter aux nues. Loin de la vision naïve d'un ethnorégionalisme luttant pour sauver les petites patries de l'État, cette idéologie participe à la disparition des cultures locales. Elle est en effet une reconstruction militante de l'identité s'imposant, sur fonds publics, à des populations qui voient leurs traditions ancestrales reléguées et instrumentalisées. L'idéologie véhiculée est en réalité une construction de la fin du XIXe siècle, profondément antirépublicaine, qui peine à évoluer autrement qu'en surface. Dans cette volonté de lutter contre l'État, tous les moyens sont bons, notamment ceux devant permettre de faire pièce à la souveraineté nationale.

I

Une machine de guerre contre les petites patries

L'ethnorégionalisme sait se vêtir des oripeaux de la victime. Il ne serait que la défense des petites patries opprimées par des États autoritaires niant les différences. Il conviendrait donc de s'ingénier à sauver ces cultures menacées, ces petites patries, qui, tout compte fait, car les appartenances sont multiples et complexes, aident à aimer la grande. Cette idée, on la retrouve à gauche sous la plume de Simone Weil[1], à droite sous celle de Maurras[2]. Il ne s'agit pas ici de la discuter. Oui, il existe différents sentiments d'attachement qui se combinent et se conjuguent, et parfois se renforcent. La nation française c'est aussi ces petites patries sur lesquelles elle se fonde. Ce livre n'est en rien un pamphlet contre les langues et cultures

1. WEIL Simone, *L'enracinement. Prélude à une déclaration des devoirs envers l'être humain* ; coll. « Folio essais » 141, Paris, Gallimard, 1990.

2. Voir notamment MAURRAS Charles, *L'idée de la décentralisation*, Paris, Service de publication de l'Action Française, Paris, 1919 (rééd. 1898).

régionales, qui doivent faire l'objet d'une attention de l'État et des collectivités.

Mais l'ethnorégionalisme, ce n'est pas les petites patries. Sans doute est-ce même leur pire ennemi. Il s'agit d'une reconstruction militante de l'identité qui n'aide pas à sauvegarder les cultures régionales. Pire, elle concourt à leur disparition en prenant la place qui devrait être la leur dans l'éducation et les politiques culturelles. Une petite patrie est une somme de traditions vécues et d'histoires locales véhiculant une identité instillant un rapport au monde. Les petites patries reposent sur l'expérience et l'attachement direct à un cercle de socialisation. Elles sont donc souvent très locales, diverses. Elles se fondent sur des formes dialectales de la langue. Loin d'une telle approche, le travail militant passe par une reconstruction de l'histoire et de la culture.

Loin d'être localiste, l'ethnorégionalisme tend fréquemment à dénoncer ce qu'il considère, au pire, comme une culture de ploucs, au mieux, comme une pierre brute devant être travaillée. Cette dernière pourra alors élargir le sentiment d'appartenance de la localité à l'ensemble des Alsaciens, Corses, Bretons… C'est aujourd'hui ce discours militant que l'Éducation nationale, les collectivités, le contribuable, financent. L'ethnorégionalisme s'appuie sur des cultures régionales remodelées et idéalisées par des urbains en quête de racines. Ils disposent d'assez de contacts et de soutiens politiques et administratifs pour l'imposer contre ceux parlant et vivant réellement ces cultures, mais qui n'ont pas les codes. Les murvistes corses sont des intellectuels bourgeois dont l'influence fut de très faible portée dans le peuple[1]. Les félibres ne façonnent pas seulement une langue occitane, par leur littérature ils fabriquent aussi des mythes locaux en réinterprétant l'histoire à travers des yeux régionalistes[2]. L'incompréhension évoquée par Jean-Marie Guillon, dans un petit village du Var, entre des habitants vivant leur culture et ces militants provençalistes prétendant leur apprendre ce qu'est la vraie « provençalité[3] », est révélatrice.

L'ethnorégionalisme est une entreprise idéologique, originellement et ironiquement parisienne, qui instrumentalise les cultures locales, et finit par les faire disparaître en les dissolvant dans les clichés. Si ses effets touchent tous les domaines, ils tendent singulièrement à marquer la langue et la culture.

Reconstruire la langue

Le Canard enchaîné du 26 avril 2000 dénonce un dictionnaire breton, le *Geriardur Brezhoneg* de 1995, subventionné par les pouvoirs publics. Il faisait

1. POMPONI Francis, « Le régionalisme corse dans l'entre-deux-guerres (1919-1939), dans GRAS Christian, LIVET Georges (dir.), *Région et régionalisme en France*, Paris, PUF, 1974, p. 393-416.

2. NGUYEN Victor, « Aperçu de la conscience d'Oc autour des années 1900 », dans GRAS Christian et LIVET Georges (dir.) *Région et régionalisme en France*, Paris, PUF, 1974, p. 245.

3. GUILLON Jean-Marie, « L'affirmation régionale en Pays d'oc des années quarante », *Ethnologie française*, 33/3, 2003, p. 425-433.

référence « à certaines figures du mouvement breton qui furent des collaborateurs notoires de l'Allemagne nazie ». Il comportait des phrases exemples telles que « la Bretagne n'existera pleinement que lorsque le français sera détruit en Bretagne ». Si la langue est au cœur du discours ethnorégionaliste, son apprentissage doit être un véhicule idéologique. La communauté linguistique est l'un des principaux instruments de diffusion du sentiment d'appartenance[1]. On a observé qu'après que le facteur génétique eut été jugé trop peu politiquement correct, elle est devenue le critère de définition de la communauté régionale. L'existence d'une langue régionale, conçue comme opposée à la langue nationale, est en effet le vecteur le plus déterminant de l'essor des formations ethnorégionalistes.

La revitalisation linguistique permet ainsi de témoigner d'une hétérogénéité et de développer le sentiment d'une singularité locale[2]. Paradoxalement,

---

1. ANDERSON Benedict, *Imagined Communities. Reflection on the Origin and Spread of Nationalism*, Londres, Verso, 2006 (3 éd.). Il note : « Pourtant, la langue est le principal "marqueur identitaire" mis en avant dans les mouvements nationalistes et autonomistes. Les théoriciens du *Nation Building* ont d'ailleurs mis en évidence que la diffusion d'une langue vernaculaire standardisée constitue l'un des éléments majeurs de l'éveil du sentiment national. » Soulignons le fait que les idéologues léguistes connaissent et utilisent les écrits de Benedict Anderson et des autres théoriciens du *Nation Building*.

2. COSTA James, *Revitalisation linguistique : discours, mythe et idéologie*, thèse à l'Université Stendhal-Grenoble III, Grenoble, 2010.

on n'a jamais autant vu les langues régionales (signalisation, devantures de magasin, communications officielles et commerciales) et l'on ne les a jamais aussi peu parlées. Cette contradiction n'est qu'apparente. L'objectif n'est pas de transmettre une information, mais de marquer l'espace. À dessein d'en faire des instruments politiques, on a de même reconstruit ces langues, les transformant en un objet nouveau, en des langues n'ayant jamais été parlées dans la société. Ainsi on a sacrifié les langues réellement usitées, et vectrices de socialisation, au profit d'une novlangue militante expurgée des apports du français. Pire encore, puisque la langue définit l'identité, la région ne peut en pratiquer plusieurs. Aussi a-t-on imposé la langue choisie dans des territoires où elle ne fut jamais parlée, aux dépens de langues qui y étaient présentes, elles, véritablement abandonnées.

La liquidation des dialectes

Les langues régionales telles qu'elles sont aujourd'hui transmises et apprises sont très largement des constructions militantes. Historiquement, elles sont en effet des réalités complexes. Elles se divisent en plusieurs dialectes et empruntent beaucoup aux autres langues, notamment au français. Les militants ethno-régionalistes vont effectuer un travail d'unification des dialectes et de purification des apports extérieurs. Cela rend inintelligible la langue diffusée et enseignée par les locuteurs originels de dialectes jugés comme relevant de patois devant disparaître. Il ne s'agit pas simplement d'un phénomène français. En Italie, par exemple, la Ligue du Nord joue un rôle central dans l'uniformisation des dialectes dans le but de bâtir une langue padane qui n'a aucune existence historique[1].

L'idée d'une unification des dialectes naît d'abord en France, au sud de la Loire. En 1854, Mistral, Aubanel, Roumaille, Giéra, Brunet, Mathieu et Tavan créent le Félibrige. Ce dernier synthétise une langue d'oc artificielle, en grande partie influencée par le provençal. Si elle permet à ses auteurs de briller dans les salons parisiens, elle n'est en réalité parlée par personne. Elle est une reconstruction littéraire et politique fondée sur un culte des origines et de l'authenticité. Le paradoxe est promis à un bel avenir. Ce qui fait le succès de la langue d'oc mistralienne, c'est sa reconnaissance par les élites de la capitale[2]. C'est le propre des langues régionales telles qu'elles sont aujourd'hui diffusées. Elles ne reposent pas sur des traditions locales ou sur leurs locuteurs. Elles se fondent sur un accord tacite entre les militants ethnorégionalistes et l'État pour admettre ce travail de reconstruction comme la seule version officielle des

1. AVANZA Martina, « La Ligue du Nord : de la défense des dialectes à la recherche d'une langue nationale padane », *Mélanges de l'École française de Rome. Italie et Méditerranée*, 117/1, 2005, p. 313-330.

2. PÉTRÉ GRENOUILLEAU Olivier, *Nos petites patries. Identités régionales et État central en France*, Gallimard, Paris, 2019, p. 136.

langues régionales. Nul n'est toutefois prophète en son pays et, si l'idée d'une unification émerge en pays d'oc, elle y échoue contre les dialectes[1]. Outre que le mouvement n'a que très peu de portée dans les milieux populaires où ces langues sont réellement parlées, il est vu par nombre d'intellectuels comme une trahison culturelle. L'ensemble occitan est par ailleurs trop vaste et trop hétérogène politiquement. Si le Sud-Est entend les paroles de Mistral, le Sud-Ouest se garde d'une entreprise félibre jugée réactionnaire et qui comptera dans ses rangs Charles Maurras. Sous l'influence du Parti radical, le Midi toulousain développe ainsi une approche du régionalisme bien plus marquée par la défense concrète des petites patries que par la doctrine ethnorégionaliste. Il montre, dans une certaine mesure, et sans exclure certaines dérives, que la défense du patrimoine culturel local n'a pas fatalement à sombrer dans ces travers. Le revers de la médaille fut que l'Occitanie produit des générations d'hommes politiques et d'intellectuels sensibles mais naïfs sur la question régionale. Ces derniers furent bien incapables de comprendre qu'ailleurs l'œuvre de politisation de la langue engagée par Mistral avait réussi.

L'exemple le plus emblématique d'un succès de l'imposition d'une version artificielle d'une langue régionale est la Bretagne. Le breton enseigné et véhiculé est une construction militante du début du

1. NGUYEN Victor, « Aperçu de la conscience d'Oc autour des années 1900 », dans GRAS Christian, LIVET Georges (dir.), *Région et régionalisme en France*, Paris, PUF, 1974, p. 241-257.

XXe siècle, principalement synthétisée par les grammairiens Le Gonidec, Vallée et Le Roux[1]. Il fait l'objet d'une large diffusion dans la presse ethnorégionaliste d'extrême droite comme le journal *Breiz Atao,* notamment sous la plume du collaborationniste antisémite Roparz Hemon[2]. Une fois la grammaire et le lexique imposés, il reste la graphie qui sera unifiée en 1941 à la demande des autorités allemandes, lesquelles entendent bien instrumentaliser les ethnorégionalistes bretons[3]. Françoise Morvan témoigne ainsi de ses grandes difficultés lorsqu'elle a souhaité publier une édition bilingue de l'œuvre de François-Marie Luzel, respectant l'orthographe originelle. Elle a dû affronter les mouvements nationalistes, mais aussi l'Institut culturel de Bretagne[4]. Si le cas breton est paroxystique, il n'en est pas pour autant isolé. Les langues

1. Sur ce sujet, voir les travaux de MORVAN Françoise, notamment *Le Monde comme si*, Paris, Actes Sud, 2005. Voir aussi LE BERRE Yves, LE DÛ JEAN, « Le qui pro quo des langues régionales : sauver la langue ou éduquer l'enfant ? », dans CLAIRIS Christos, COSTAOUEC Denis, COYOS Jean-Baptiste (dir.), *Langues et cultures régionales de France – État des lieux, enseignement, politique*, Paris, L'Harmattan, 1999, p. 71-83.

2. « L'histoire de Bretagne, croyons-nous, est au programme des écoles, et obligatoirement les petits Bretons doivent apprendre que les Celtes ont subi plusieurs siècles de honte et d'esclavage, depuis le temps où les légions romaines débarquaient dans l'île de Bretagne jusqu'au temps ou feu Marianne livrait notre pays à ses juifs » PENDARAN, « Me a lenno dans les écoles », *Arvor,* 81, 26 juillet 1942.

3. FOUÉRÉ Yann, « Le régionalisme breton sous le gouvernement de Vichy », dans GRAS Christian, LIVET Georges (dir.) *Région et régionalisme en France*, Paris, PUF, 1974, p. 485.

4. Entretien paru dans Bretagne Île-de-France, mai 1999, 4.

régionales, même, *in fine*, l'occitan, comme l'explique bien Pierre Bourdieu[1], vont faire l'objet de travaux de reconstruction plus ou moins heureuse. Georges Ravis-Giordani dénonce ainsi un « corse basique (à dominante “nordiste”) qui émerge et que tous les corsophones sont censés comprendre (certains locuteurs puristes parlent d'espéranto corse)[2] ».

L'alsacien est un cas un peu à part. Pascale Erhart évoque « une logique de différenciation et d'affirmation identitaire (par rapport au reste de l'Empire allemand), ce glottonyme désigne généralement un ensemble de parlers franciques et alémaniques en usage en Alsace depuis le Ve siècle[3] ». Cette construction de la fin du XIXe demeure orale et sa forme écrite reste l'allemand. Aussi l'enseignement de la langue régionale alsacienne se résume en très grande partie à l'apprentissage de l'allemand classique.

L'unification des dialectes est bien entendu un instrument politique. Si la diversité linguistique fait peur, c'est également parce qu'elle peut conduire à rendre peu audible le discours homogénéisateur des ethnorégionalistes. Il s'agit par ailleurs de montrer

1. BOURDIEU Pierre, « L'identité et la représentation, éléments pour une réflexion critique de l'idée de région », *Actes de la recherche en sciences sociales*, 35, 1980, p. 63-72.

2. RAVIS-GIORDANI Georges, « La Corse : culture régionale ? Culture régionalisée ? », *Ethnologie française*, 33/3, 2003, p. 453.

3. ERHART Pascale, « “L'alsacien n'existe pas” : wàs isch los ? (qu'en est-il ?) », *The Conversation*, 3 mai 2021.

que l'identité régionale repose sur une langue qui n'est pas soluble dans l'unité nationale. Le travail politique de la langue implique donc son épuration des apports extérieurs, spécifiquement et surtout du français. L'idée est en soi un peu absurde tant une langue, en particulier quand elle est prise dans un ensemble politique plus vaste, évolue et se construit en interaction avec les autres. Ronan Calvez, qui travaille notamment sur l'office de la langue bretonne, montre qu'il n'est pas seulement question d'unifier les dialectes. Il convient aussi d'imaginer un lexique pour combler les trous là où les bretonnants utilisaient jadis des emprunts au français ou au latin[1]. Le paradoxe est que cette langue, parlée uniquement par des francophones, tend à liquider ce qui faisait l'originalité des structures et tournures des dialectes originels. Elle devient un calque de français, reproduisant ses formules idiomatiques dans un vocabulaire inventé[2]. Georges Ravis-Giordani, parle de

1. CALVEZ Ronan, « Ce que parler du breton veut dire », *Ethnologie française*, 42/4, 2012, p. 647 ; voir aussi : COSTAOUEC Denis, *Quel avenir pour le breton populaire ? Enquête à La Forêt-Fouesnant*, coll. Leoriou bihan, Brest, Brud Nevez, 2002 ; GERMAN Gary, « Language Shift and Dialectal Variation in Western Brittany », dans HILDEGARD Tristram (dir.), *The Celtic Languages in Contact : Papers from the Workshop within the Framework of the XIII International Congress of Celtic Studies, Bonn, 26-27 July 2007*, Potsdam, 2007, p. 146-192 ; WMFFRE Iwan, *Breton Orthographies and Dialects*, 1 : *The Twentieth-century Orthography War in Brittany*, Bern, Peter Lang, 2007.

2. MADEG Mikael, *Traité de prononciation du breton du Nord-Ouest*, Brest, Emgleo Breiz, 2010, p. 105.

même de « francorse », soit « la corsisation formelle de substantifs ou d'expressions du français[1] ».

Loin de sauver les langues régionales et les petites patries, les démarches ethnorégionalistes contribuent en réalité très fortement à les détruire. Yves Le Berre et Jean Le Dû notent : « Les uns (enseignants et journalistes) tentent d'assurer une transmission du breton patrimonial en maintenant un lien humain entre les générations anciennes et les nouvelles. Les autres (enseignants et militants plus politisés) voient avec indifférence disparaître les "patois terminaux", mités par le français et culturellement obsolètes, leur préférant une langue entièrement régénérée, linguistiquement purifiée et enrichie d'innombrables vocables destinés à l'installer dans la contemporanéité[2]. » La langue devient d'autant plus militante qu'elle ne s'insère plus dans un réseau de sociabilité. Les élèves, notamment, sont très nombreux dans des zones urbaines où la langue n'est pas pratiquée, voire, nous y reviendrons, là où elle ne l'a jamais été. Le cercle des locuteurs se borne ainsi à un milieu militant amplifiant le phénomène d'enfermement idéologique.

---

1. RAVIS-GIORDANI Georges, « La Corse : culture régionale ? Culture régionalisée ? », *Ethnologie française*, 33/3, 2003, p. 453.

2. LE BERRE Yves, LE DÛ JEAN, « Devoir et nécessité : à quoi sert le breton à ceux qui le parlent ? », *La Bretagne linguistique*, 20, p. 2.

L'impérialisme linguistique

En 2017, les habitants de Nantes ont pu découvrir les premiers panneaux en breton dans la commune. Évidemment, l'objectif n'était pas pratique. On ne rencontrait pas de citoyens errant dans la ville à la recherche de leur chemin en breton. Le but de l'opération est symbolique. Il s'agit d'affirmer que Nantes est en Bretagne, la preuve : Nantes est bretonnante. Sauf que, si Nantes fut bien la capitale des Ducs de Bretagne, on n'y a jamais parlé breton mais un dialecte de langue d'oïl, le gallo. Il en va de même à Rennes, en tout cas depuis le haut Moyen-Âge. Mais c'est là une complexité et un respect de la diversité qui ne sont pas accessibles aux ethnorégionalistes. Si l'identité, c'est la langue, que Nantes est en Bretagne, alors Nantes doit parler breton et s'appeler « Naoned ».

Le cas nantais est évidemment révélateur de cette colonisation linguistique, puisqu'il s'accompagne d'une exigence de rattachement de la Loire-Atlantique à la région Bretagne. Mais il est loin d'être isolé. Un exemple similaire peut être noté à Bayonne, lieu de forte immigration landaise où les citadins ont peu parlé basque[1]. L'Éducation nationale reprend la carte ci-dessous concernant les zones d'extension historiques des langues régionales.

1. CHABAUD Raymond, *L'invention du Pays basque*, Paris, Cairn éditions, 2019, p. 64-65.

Carte des langues régionales, © Éducation nationale, 2012 / DR.

Les ethnorégionalistes peuvent difficilement répondre à ce raisonnement historiquement délicat à contrer, si ce n'est avec deux arguments. Le premier est que des immigrants parlant cette langue ont vécu dans ces villes à la suite de l'exode rural, à Nantes ou à Rennes par exemple. Certes, mais ils y furent peu nombreux. À ce titre, il serait nécessaire de prioritairement imposer la signalétique bilingue français-breton à Paris, à New York même ! Par ailleurs, s'il convient par extension de mettre en place l'usage des langues de l'immigration sur les territoires concernés, le débat risque d'être rude.

Le second argument tient à la volonté indéniable de tous les habitants. Cette question touche notamment l'enseignement des langues par l'Éducation nationale. On met alors en avant, notamment, la volonté des familles. Quand bien même ce serait le cas. Il n'est pas d'intérêt général que l'Éducation nationale transmette des langues extérieures à la région concernée aux dépens des langues locales ; même si cela satisferait les opinions idéologiques des parents. On ouvre là aussi une boîte de Pandore si l'on juge que l'exigence familiale d'un enseignement identitaire oblige l'Éducation nationale. L'enseignement est un service public, pas une entreprise commerciale. Par ailleurs, il ne faut pas exagérer l'importance des demandes des parents. Il a fallu toute la mobilisation en 2022 des parents de l'école du Vieux Chêne en Loire-Atlantique pour faire reculer le maire qui voulait inaugurer une classe bilingue en breton. De même, en 2012, les parents se mobilisent à la Chaussée de Dax contre la création d'une classe bilingue occitan à la maternelle alors que les cours d'anglais obligatoires ne sont pas assurés. L'argument est toujours le même, le bilinguisme ouvre au monde. Peut-être. Toutefois, être bilingue dans une langue militante réinventée, parlée uniquement par des militants sur une terre où l'on parlait une autre langue régionale, n'ouvre quand même qu'à un monde très restreint. Toutefois, la désapprobation des administrés ne peut de toute façon être jugée acceptable par les ethnorégionalistes, car refuser l'usage de la langue c'est rejeter une identité que ne peut choisir l'individu. Il est occitan, il est breton. S'il ne comprend pas qu'il l'est, c'est qu'il n'est pas assez ouvert ! Une enquête montrant que 60 % des Toulousains considéraient négativement en 2010 les annonces en occitan dans le métro a ainsi été superbement ignorée. On ne négocie pas avec l'ouverture.

La langue sert d'abord de marqueur identitaire. Elle est une manière de s'inscrire dans le territoire et de se l'approprier. Comme le notent Bourdieu et Boltanski en s'appuyant sur Saussure, « ce n'est pas l'espace qui définit la langue, mais la langue qui définit l'espace[1] ». En imposant le breton en zone gallo, on décrète une identité sur un territoire. Par le processus d'unification linguistique, on figure une unité politique. Le gallo n'est pas conçu comme une langue

1. BOURDIEU Pierre, BOLTANSKI Luc, « Le fétichisme de la langue », *Actes de la recherche en sciences sociales*. 4/1, 1975, p. 2-32.

à sauver. Selon l'historien Michel Denis, proche de l'Union démocratique bretonne, ancien président du Conseil culturel de Bretagne et du Conseil national des langues et cultures régionales, il est doublement inférieur. Il est inférieur au français, dont il ne serait qu'une forme abâtardie. Il est inférieur au breton qui, lui, est une vraie langue[1]. Le gallo est trop semblable au français pour réellement permettre de poser la spécificité de la Bretagne et son hétérogénéité insoluble avec la communauté nationale. Certes la région communique à grands frais sur « les langues de Bretagne », mais n'en considère en réalité qu'une. Alors qu'ils existent en breton, il n'y a ni CAPES ni agrégation de gallo. Le pacte d'avenir pour la Bretagne, obtenu de haute lutte par les régionalistes bretons, comporte un titre « Affirmer l'identité culturelle de la Bretagne ». Il y est prévu des dispositions, mais uniquement pour le breton, pas pour le gallo.

De même, en Écosse, on dénigrera la culture des Lowlands, identique à celle de l'Angleterre du Nord au profit de celle des Highlands, en particulier la langue celtique. Celle-ci permet de s'opposer à l'anglais, parlé dans le Sud bien avant la formation du royaume de Grande-Bretagne[2]. On trouve également une forme d'impérialisme linguistique en Espagne,

1. LE COADIC Ronan, *L'identité bretonne*, Rennes, Terre de Brume, 1998, p. 215.

2. FITJAR Rune Dahl, *The Rise of Regionalism Causes of Regional Mobilization in Western Europe*, Londres, Routledge, 2009, p. 102-104.

notamment en Navarre. La région qui est à la charnière du Pays basque et du reste de l'Espagne voit ainsi ses communes changer de langues selon les majorités politiques. Le riche Pays basque espagnol y intensifie son influence en promouvant sa politique linguistique.

Dans cette lutte pour marquer et conquérir l'espace, la signalétique joue un rôle important. Qui n'a pas aperçu, de passage en Corse, Bretagne ou Alsace, ces panneaux aux noms français noircis à la bombe par des militants. La même guerre de la signalisation a lieu en Italie, où elle est menée par les activistes de la Ligue du Nord[1]. En Bretagne, l'Office de la langue bretonne fabrique des noms de lieux en breton, supposément historiques, pour les communes de la zone gallo[2]. Ainsi, en 2011, l'ancien maire de Monteneuf, dans le Morbihan, part en lutte contre le nouveau nom choisi pour la commune, « *Monteneg* », dont il montre qu'il n'a jamais existé. Si renommer une localité dans un nom inventé peut prêter à sourire, la cohésion de la politique linguistique visant à la conquête symbolique des lieux laisse songeuse. C'est d'autant plus le cas qu'elle s'étend à d'autres régions. Le 15 mai 2021, Hervé Morin était très fier d'annoncer

1. AVANZA Martina, « La Ligue du Nord : de la défense des dialectes à la recherche d'une langue nationale padane », *Mélanges de l'École française de Rome. Italie et Méditerranée*, 117/1. 2005, p. 313-330.

2. MORVAN Françoise, « Violence toponymique en Bretagne », *Circuit, ordre des traducteurs, terminologues et interprètes agréés du Québec*, 111, 2011.

que la commune de Marchésieux porterait à présent le doux nom normand de *Marchuus*. Il faut dire que le président de la région Normandie ne fait pas mystère de son admiration pour l'activisme identitaire de ses voisins bretons. Cela semble bon pour le commerce de produits dérivés régionaux[1]. Qu'importent les historiens, tant qu'on peut vendre des *goodies* et se faire réélire en accusant Paris de tous les maux.

En transformant la langue en instrument idéologique, l'ethnorégionalisme, qui influence sur ce point l'ensemble des politiques publiques, conduit non pas à secourir les petites patries, mais à les détruire. L'Éducation nationale a, sur ce point, un rôle essentiel pour, demain, permettre un enseignement des langues débarrassé de ses oripeaux idéologiques. Les avancées furent réelles en la matière. Le passage au ministère de Jean-Michel Blanquer de 2017 à 2022 marque une volonté de développement des langues au sein de l'École de la République, plutôt que dans les réseaux privés. La bataille parlementaire sur la loi Molac ne portera pas sur ce principe, mais sur le rôle de l'immersif associatif, confondant politique et culturel. Pour sauver les langues régionales, il convient de ne plus enseigner le breton à Rennes, mais d'y mener une politique massive en faveur de l'initiation au gallo à l'école. Outre la colonisation linguistique,

1. Sur l'aspect commercial du logiciel ethnorégionaliste voir : BERNIER Aurélien, *L'illusion localiste*, Paris, Utopia, 2020.

il s'agit de ne plus enseigner des langues militantes, n'ayant pas de réalité sociale, mais les dialectes effectivement parlés par les derniers locuteurs. Il est tout à fait bienvenu de transmettre l'histoire de nos communes et le nom qu'elles ont pu porter jadis, mais pas d'en inventer pour complaire à quelques militants. C'est cela qui permettra de sauvegarder la langue des petites patries.

Réécrire l'histoire, réinventer la culture

L'identité régionale telle que promue par l'ethnorégionalisme se présente comme un imaginaire militant s'opposant à l'État-nation. Elle apparaît ainsi comme une identité projetée et idéalisée sur un mode similaire et concurrent à l'identité nationale.

Au début de la première moitié du XIXe siècle, le protorégionalisme s'inscrit en fait dans le romantisme. Il reprend l'idée d'une nature enchantée, de paysages types… À ce stade, toutefois, ces stéréotypes n'ont de relais ni populaires, ni politiques. Ils demeurent des rêveries de poètes et de notables[1]. Romain Pasquier note qu'« une élite culturelle animée par une idéologie catholique et conservatrice

1. PÉTRÉ GRENOUILLEAU Olivier, *Nos petites patries. Identités régionales et État central en France, des origines à nos jours*, *op. cit.*, p. 118 et suivantes.

explore le patrimoine de la culture populaire et de la langue vernaculaire. L'aire d'usage de la langue bretonne ne recouvre pas l'ensemble... et "invente" progressivement un ensemble de représentations, de stéréotypes sociaux visant à distinguer la Bretagne des autres régions françaises[1]. » Ces représentations deviennent politiques lors de la révolution industrielle et de celle des transports qui créent (comme aujourd'hui la mondialisation) une impression de rupture des isolats et de bouleversement social. Dans ce cadre, se développe le sentiment de devoir protéger ce qui faisait la singularité de la région[2]. Ce n'est pas tant la centralisation administrative – en réalité plus précoce – que l'essor économique qui conduit à la réaction régionaliste. Il s'agit pour la bourgeoise locale de trouver un moyen de défense et de survivance en fétichisant des stéréotypes forgés, souvent, à l'extérieur[3].

1. PASQUIER Romain, « L'Union Démocratique Bretonne ou les limites de l'expression partisane autonomiste en Bretagne », *Pôle Sud*, 20/1, 2004, p. 113-132.

2. PÉTRÉ GRENOUILLEAU Olivier, *Nos petites patries. Identités régionales et État central, en France, op. cit.*, p. 120.

3. « Ce que l'on sait est qu'un certain nombre d'élites traditionnelles en perte de vitesse tendent alors à se replier sur un passé idéalisé transfiguré en patrimoine local ou régional. C'est ainsi par exemple que, d'abord forgée de l'extérieur, l'image du Breton dur comme le granite est reconfigurée en interne afin de favoriser la cohésion d'un "peuple" que l'on souhaite rassembler contre les envahissements d'une modernité jugée dangereuse », GRENOUILLEAU Olivier, *Nos petites patries. Identités régionales et État central, en France*, *op.cit.*, p. 124

Si l'ethnorégionalisme prône ainsi l'enseignement de l'histoire locale, c'est à travers un roman national alternatif, très proche de ce que les nations européennes firent au XIXe siècle. Comme jadis nos ancêtres les Gaulois, les Celtes sont à l'honneur en Bretagne, mais aussi, plus étonnamment, en Italie du Nord ou en Catalogne[1]. En Alsace, ce sont les Alamans. Au Pays basque… les basques, car ils auraient toujours été là. Ces histoires se résument à un seul geste : la résistance pour l'instant infructueuse, mais constamment courageuse, à la France conquérante, intraitable, sanguinaire, « ethnocidaire ». Évidemment, ces récits militants ne survivent pas à la lecture de quelques articles historiques sérieux. Mais l'important n'est pas que l'*Énéide* raconte la vraie genèse de Rome. Ce qui compte, c'est qu'elle permette au peuple romain de s'inscrire dans un destin, le prédestinant à subjuguer le monde. On ne peut donc reprocher aux militants et aux historiens amateurs de vouloir rêver une histoire devant les mener logiquement vers l'indépendance. Le problème vient quand celle-ci est reprise par les collectivités territoriales, dans l'éducation, et même par certains historiens professionnels.

1. SMITH Angel, MAR-MOLINERO Clare, « The Myths and Realities of Nation Building in the Iberian Peninsula », dans SMITH Angel, MAR-MOLINERO Clare (dir.), *Nationalism and the Nation in the Iberian Peninsula. Competing and Conflicting Identities*, Londres, Routledge, 1996, p. 1-32.

Mythifier les racines

« L'oubli, et je dirai même l'erreur historique, sont un facteur essentiel de la formation d'une nation[1] », écrivait Ernest Renan. Les nations européennes se construisent et se solidifient au XIXe siècle sur une réinterprétation et une large diffusion de l'histoire. Les ethnorégionalismes, qui naissent de manière concomitante aux nationalismes, empruntent pareille voie. C'est un point qui les différencie des communautarismes modernes qui se fondent beaucoup plus sur une relecture critique des sources. Ici, l'histoire fait l'objet d'une mystification par des poètes s'improvisant historiens[2].

En Alsace, Bernard Wittmann, historien amateur, érudit local[3], dont l'analyse fait autorité dans les milieux militants[4], fait remonter l'histoire alsacienne aux Alamans dans *Nos ancêtres les Alamans, fondateurs de l'Alsace*[5]. L'histoire du Pays basque telle qu'elle est vue, perçue, et souvent enseignée, est

1. RENAN Ernest, « Qu'est-ce qu'une nation ? », conférence donnée à la Sorbonne le 11 mars 1882.

2. Notons le rôle important de l'éditeur Yoran Embanner, « éditeur breton, solidaire des autres minorités nationales d'Europe ».

3. COLAS Romain, « Unser Land, des souvenirs qui fâchent », *Traces de la guerre en Alsace*, Université de Strasbourg.

4. ROUSSEAU Noémie, « Unser Land : "C'est sûrement notre dernière chance d'agir pour l'Alsace" », *Libération*, 20 mars 2015, p. 14

5. WITTMAN Bernard, *Nos ancêtres les Alamans, fondateurs de l'Alsace*, Fouesnant, Yoran Embanner, 2021

celle synthétisée il y a un siècle par Sabino Arana, le fondateur du PNV, parti indépendantiste. Alors qu'un État basque n'a jamais existé, Arana a contribué à produire un récit national établi sur la lutte d'un peuple opprimé. En Bretagne, la référence reste l'intellectuel ultra-royaliste du XIXe siècle, le vicomte de la Villemarqué et son *Barzac Breiz*. Ce recueil de chansons populaires, soi-disant authentiques, mais en grande partie réécrites, fut dénoncé par Renan, mais aussi par l'auteur breton Luzel[1]. Le texte se veut une *Iliade* ou une *Énéide* de l'histoire bretonne.

De façon similaire à la langue, il faut montrer que la culture et l'histoire régionales sont irréductiblement singulières. La mise en avant de la celtitude est ainsi de mise, bien qu'étrange si l'on considère que les quatre cinquièmes de la Bretagne ne sont pas celtiques[2]. Toutefois, c'est toujours plus que la Padanie italienne : « Dans cette vulgate, les Padans sont présentés comme des descendants des Celtes, s'étant battus ensemble pour garder leur liberté, vivant sous l'influence bienveillante des Alpes, ayant un esprit viril et une nature travailleuse[3]. »

1. MORVAN Françoise, *Le Monde comme si*, Paris, Actes Sud, p. 187-189.

2. Voir DIAZ Anne, *« Gallos » et « Bretons » : représentations de l'Autre et mobilisation de la frontière linguistique dans les processus de construction identitaire : une approche anthropologique de la limite entre Haute et Basse-Bretagne*, Thèse à l'Université Rennes 2, 2018.

3. MACHIAVELLI Marta, « La Ligue du Nord et l'invention du "Padan" », *Critique internationale*, 10/1, 2010, p. 137.

Mais qu'importe. En 2022, une exposition baptisée « Celtique ? » à Rennes déclenche les passions. En soi, rien de bien révolutionnaire dans ce travail de vulgarisation historique. Il montre que l'identité celtique de la Bretagne était en grande partie un construit historique relativement récent, datant particulièrement du XIXe siècle… Toutefois, l'effet politique est détonnant. L'exposition est dénoncée comme du révisionnisme historique par les partis ethnorégionalistes. Alan Stivell prend la mouche et la plume. Il en va de même des éminents celtolâtres des départements de celtique. Les pressions politiques sur le directeur de l'exposition sont telles qu'il faut réécrire les panneaux de l'exposition. Il convient d'ouvrir et de donner à voir la pluralité des interprétations de cette histoire, dont le moins que l'on puisse dire est qu'elle est pourtant bien établie. Évidemment, nous nous moquerons ensuite des créationnistes américains voulant qu'on enseigne la Genèse aux côtés des théories de Darwin dans les écoles. C'est pourtant bien la même démarche ; mettre sur le même plan la recherche scientifique et une croyance militante au nom de l'équivalence des opinions. Trente historiens font alors part de leur inquiétude, avec précaution et modération au vu du contexte, face à un débat devenu identitaire et rappellent que « l'histoire n'est pas un drapeau[1] ». Mais à quoi servent les historiens ? Alan Stivell leur

1. « Rennes. La polémique autour de l'exposition Celtique ? fait réagir des historiens de Rennes 2 », *Ouest-France*, 5 octobre 2022.

répond qu'ils « ne connaissent visiblement pas une bonne partie du sujet, lequel a été [son] principal objet d'analyse pendant plus de soixante-cinq ans[1] ».

Un paradoxe tient dans le fait que nombre de ces attributs culturels mis en avant relèvent en réalité d'une vision idéologique de ces territoires projetés depuis Paris. Cette reconstruction des identités régionales a trois sources successives : les ultra-royalistes, les images d'Épinal, les sociétés de tourisme. Celles-ci solidifient des clichés sur les provinces se rapprochant plus de l'orientalisme que des sciences sociales modernes. La force de ces récits tient dans ce que, fondés sur une base historique faible ou pour le moins discutable, ils s'adaptent assez facilement à l'esprit du temps. Si le *Barzac Breiz* est une réponse datée au nationalisme triomphant du XIXe, depuis les années 1970 la mode est plutôt à une lecture décolonialiste.

Au début XIXe siècle, alors que les libéraux, comme Benjamin Constant, envisagent d'accorder du poids à la commune, les ultras rêvent de redonner aux pays son substrat originaire en revenant à des régions culturelles aux racines charnelles. En Bretagne, par exemple, l'ensemble se synthétise notamment dans la *Revue de Bretagne et de Vendée* à partir de 1857. Elle renvoie la vision d'une

1. « Exposition Celtique ? : La réponse d'Alan Stivell aux historiens de Rennes 2 », *Ouest-France*, 17 octobre 2022.

Bretagne chrétienne au fondement d'un renouveau du religieux et de la tradition monarchique, en réaction au progrès économique amené par le chemin de fer. La revue est téléguidée depuis Paris. Elle s'appuie sur la représentation d'une Bretagne sauvage et authentique qui avait charmé les écrivains romantiques de la première moitié du siècle. C'est également à cette époque que le lien est fait entre la langue et la singularité bretonnes. Le gallo, qui avait été la langue de l'administration du Duché, n'est pas perçu comme assez signifiant et authentique. L'image d'Épinal d'une langue celtique, donc attachée à un peuplement antérieur à l'invasion romaine, témoigne ainsi d'un culte de l'origine empreint de romantisme. À présent, elle devient un projet politique pour tout le pays. Marquer la spécificité bretonne, ce n'est pas tant vouloir la conserver que la promouvoir en modèle pour l'ensemble de la France. Aussi faut-il en caricaturer et en remodeler les traits pour entrer dans un projet politique[1]. Sous des plumes comme celles de La Broderie, la Bretagne passée est l'avenir désiré de la France.

C'est au début du XIXe siècle que se solidifient les clichés culturels, identitaires, et même comportementaux (le Corse est taiseux, le Breton têtu). Ce sont ces fameux traits que l'on retrouvera dans Astérix, source

1. Voir PÉTRÉ GRENOUILLEAU Olivier, *Nos petites patries. Identités régionales et État central, en France*, *op.cit.*, p. 132 ; BERTHO Catherine, « L'invention de la Bretagne », *Actes de la recherche en sciences sociales*, 35/1, 1980, p. 45-62

majeure, rappelons-nous, de ceux qui se piquent d'apprécier le sujet du régionalisme[1]. Si ces idées sont construites par des intellectuels parisiens, connaissant en réalité bien peu les cultures en question, elles vont alors passer dans la culture populaire, puis dans le commerce. Elles vont agir comme un modèle théorisé de ce que sont ces cultures. Ainsi, par retournement, elles vont beaucoup influencer les élites sociales qui à partir de la fin du XIXe siècle décident de se saisir de la défense de ces cultures sans, elles-mêmes, y baigner. Le régionalisme culturel trouve dès lors sa source chez les notables des capitales régionales qui tentent de bâtir leur légitimité contre un monde parisien jugé clos. Avec l'évolution des mentalités, ces clichés vont parallèlement changer pour tâcher de répondre à de nouveaux impératifs de promotion. Autres temps, autres mœurs. Ainsi, dans *L'invention du Pays basque*[2], Raymond Chabaud se moque des clichés mélioratifs parisiens comme le fait que la société basque serait paritaire. Une telle relecture s'empare d'une donnée réelle, l'égalité devant l'héritage, pour calquer des idées contemporaines sur une société traditionnelle. Le Pays basque fut tout aussi patriarcal que les autres régions. Le système familial basque est complexe et se fonde sur l'indivisibilité de la propriété. Les maris ne prennent pas le nom de

1. HOURSON Sébastien, « Voix des territoires, voie de l'État », *op. cit.*
2. CHABAUD Raymond, *L'invention du Pays basque*, Paris, Cairn éditions, 2019, p. 12-17.

leurs femmes, mais, quand elles héritent, celui de leur maison. Par ailleurs, cela n'a rien de basque et était commun à tout le bassin de Garonne[1]. L'invention du Pays basque paritaire est une manipulation des ethno-régionalistes et de l'industrie touristique qui joue sur des clichés mélioratifs. Elle contribue à diffuser aux élites parisiennes une image sympathique permettant aux premiers de faire avancer des revendications, aux seconds, de vendre des nuits d'hôtel.

En posant une liste de monuments et de coutumes à découvrir, le tourisme stabilise également une identité faite de stéréotypes. Ceux-ci passent du tourisme au commerce en figeant un marketing qui ne finit pas d'influencer le logiciel identitaire lui-même. Ainsi, le député du Finistère originaire de l'Aveyron et ancien président de l'Assemblée nationale, Richard Ferrand, déclare sur *BFM TV*, le 21 octobre 2020, en réponse à une question sur les rayons *halal*: « Quand je fais mes courses, je vais au rayon "produits bretons"[2]. ». On apprend donc que pour Richard Ferrand, être breton, c'est se nourrir dans des rayons notoirement destinés aux touristes et représentant le paroxysme d'un *merchandising* identitaire, sans grand lien avec les cultures locales. Par ailleurs, il s'agirait là pour lui d'un rapport à l'identité similaire à une croyance religieuse…

1. ZINK Anne, *L'Héritier de la maison, Géographie coutumière du Sud-Est de la France*, Paris, EHESS, 1993.

2. BEAUMONT Olivier, « Rayons communautaires dans les supermarchés : Darmanin sème le trouble », *Le Parisien*, 22 octobre 2020.

Certes, on est ici dans l'électoralisme le plus bas de plafond. Mais ce qu'il révèle de la conception que se font les politiques des identités régionales montre combien elle est éloignée de la réalité des petites patries. Selon Georges Ravis-Giordani, on voit ainsi une « culture régionale régionalisée », composée d'éléments, extérieurs ou peu diffusés dans la région, utilisés dans la matrice identitaire relevant du typique[1]. Qu'importe que le concept originel de l'objet soit en fait toscan ou écossais. Qu'importe qu'il soit produit en Chine. L'essentiel est qu'il s'inscrive rapidement dans la « corsité » ou la « bretonitude », pour être largement écoulé. Alan Stivell recrée, selon *Le Télégramme*, une harpe celtique de la fin du Moyen-Âge[2] : « Cette harpe est en fait une harpe irlandaise portative que le père de Stivell, qui n'était pas luthier, a fabriquée à ses moments perdus et baptisée "harpe celtique"[3]. » De nombreux éléments (cornemuses, etc.) sont en réalité importés au XXe siècle, essentiellement d'Écosse, du Pays de Galles, de Toscane ou d'Allemagne pour donner une allure plus « celtique », « corse », « alsacienne » à la mise en scène culturelle. Mais l'important n'est

1. RAVIS-GIORDANI Georges, « La Corse : culture régionale ? Culture régionalisée ? », *Ethnologie française*, 33/3, 2003, p. 451-458.

2. *Le Télégramme*, 17 mars 2001.

3. COURCELLE Thibault, « Le rôle de la presse quotidienne régionale bretonne dans la création d'une "identité bretonne" : étude comparative de Ouest-France et du Télégramme », *Hérodote*, 110/3, 2003, p. 139.

pas que les *goodies* vendus aux touristes soient fabriqués en Corse ou en Alsace, ni qu'ils aient un quelconque rapport réel à ces cultures. Leur rôle est de bâtir le sentiment d'une identité à la fois absolument exogène à l'unité nationale et très ancienne.

L'architecture est aussi concernée. Comme Erdoğan pense retrouver la grandeur et l'authenticité de l'Empire en encourageant le style néo-ottoman dans les constructions, le XXe siècle voit s'épanouir l'architecture néo-bretonne en Bretagne. La ville d'Hossegor au Pays basque se veut de même une réinvention d'une architecture basque qui n'a jamais été qu'une architecture rurale. Celle-ci est reprise par le secteur commercial qui la considère comme un moyen de renchérir le prix des pavillons neufs. Ces styles concourent, grâce à des constructions rarement plus vieilles que 1950, à donner le sentiment d'un héritage architectural absolument original et hétérogène aux autres styles. L'alliance entre l'ethnorégionalisme militant, le tourisme et le commerce a ainsi contribué à produire une culture locale artificielle vécue sur un mode existentiel. Loin d'une petite patrie, il s'agit d'un Disneyland, dans lequel les spectateurs et les figurants sont amnésiques. Ils ont fini par considérer que le château de la Belle au bois dormant datait vraiment du Moyen-Âge.

Pour subsister à Disneyland, il faut pouvoir y vivre des aventures. Les mythes que l'on croirait sortis de la plus haute antiquité perdurent au XXe siècle et entrent dans la culture populaire. Le cinéma est mis à contribution pour véhiculer des clichés historiques et culturels. Le film *Braveheart*, devenu une référence du nationalisme écossais, en est l'exemple le plus illustre. En France, l'absence d'intérêt d'Hollywood pour l'héroïque résistance cathare, ou le tragique sort de Pascal Paoli, ne permet pas de s'appuyer sur des supports aussi puissants. Toutefois, c'est par la production de séries, dessins animés, romans et livres pour enfants que se développe le récit. Il n'a que peu à voir avec les cultures locales, et tout avec une relecture des traditions par des élites urbaines[1]. En Bretagne, une bande dessinée se voulant historique est ainsi largement diffusée à la fin des années 1990 (250 000 exemplaires). Elle présente une vision enjolivée totalement conforme aux thèses ethnorégionalistes, y compris concernant la collaboration (nous y reviendrons). La bande dessinée ne mentionne pas la Shoah et donne une image idéalisée de *Breiz Atao*, matrice du mouvement fasciste et indépendantiste breton de l'entre-deux-guerres. Cela conduit à un débat national auquel prennent notamment part *Télérama*[2] et *Libération*. Selon le médiéviste Jean

1. « Le discours dominant étant que le breton doit devenir une langue urbaine, on cherche à faire vivre aux enfants une modernité bretonnante (ou une bretonnité moderne) qui conduit en réalité à une complète assimilation à la culture de masse (sitcom, BD, musique pop, etc.) et à un rejet total (parfois théorisé) de l'héritage culturel du breton historique (littérature, folklore...) », LE BERRE Yves, LE DÛ Jean, « Devoir et nécessité : à quoi sert le breton à ceux qui le parlent ? », *La Bretagne linguistique*, 20, p. 9.

2. *Télérama*, 2606, 22 décembre 1999, p. 7-10.

Kerhervé, interviewé par l'hebdomadaire, l'histoire médiévale y est tout aussi sacrifiée sur l'autel du militantisme.

Diaboliser l'État

Pour faire un bon roman, il faut d'abord un bon méchant. Ce dernier est tout trouvé, ce sera la France, dont il convient de se libérer. L'histoire commune est rendue impossible, voire honteuse. En mars 2021, une motion relative à la commémoration du souvenir napoléonien est retirée à l'Assemblée de Corse, car les nationalistes refusent de célébrer l'union à la France évoquée dans le texte. Certes, ils acceptent bien la figure de Napoléon, mais uniquement celle du jeune adolescent rêvant d'indépendance pour son île. Le Napoléon empereur, pire, centralisateur, lui, ne peut faire l'objet d'un souvenir. En 1981, les indépendantistes alsaciens dynamitent à deux reprises la croix de Lorraine de Thann, emblème du rattachement à la France. Le 7 août 1932, à Rennes, un attentat à la bombe vise une sculpture de Jean Boucher représentant l'union de la Bretagne à la France. Nous reviendrons bien sûr sur le sujet de la violence à laquelle il convient de ne pas assimiler tous les mouvements ethnorégionalistes. Ce qui nous intéresse ici, c'est l'importance des symboles. Les actes en question sont revendiqués comme des gestes de défense en droite ligne avec l'histoire véhiculée. Bernard

Wittman n'hésite pas à parler d'épuration ethnique à la française en Alsace[1]. Gaël Briand, rédacteur en chef du magazine de l'Union démocratique bretonne, *Le Peuple breton*, qualifie la relation avec la France de coloniale[2]. C'est assez amusant lorsque l'on connaît les efforts déployés par l'État pour faire de la Bretagne une région dynamique – bien loin de la définition du colonialisme comme territoire d'exploitation. Et c'est assez révoltant quand l'on sait le rôle du port de Nantes dans l'aventure coloniale. Si la France n'a jamais envoyé de « colons » en Corse ou en Bretagne, Bretons et Corses ont joué un rôle important dans la marine et l'administration de l'empire colonial. Mais cette histoire-là n'est guère à mettre en avant. Ce qui compte, c'est que les peuples alsaciens ou bretons sont persécutés et peuvent donc s'assimiler aux autres nations opprimées. Si ni Gaël Briand, ni Bernard Wittmann ne tirent la conséquence logique de ce type de réflexion, d'autres le font pour eux. Si la colonisation et l'épuration ethnique représentent des crimes contre l'humanité, si des peuples ont légitimement pris les armes contre elles, alors la France doit être combattue, par tous les moyens.

Après la censure de certains articles de la loi Molac par le Conseil constitutionnel, des membres du collectif « Ai'Ta ! » brûlent l'article 2 de la Constitution

1. WITTMAN Bernard, *Une épuration ethnique à la française – Alsace-Moselle 1918-1922*, Fouesnant, Yoran Embanner, 2016.
2. BRIAND Gaël, *Bretagne-France : Une relation coloniale*, Rennes, IJIN, 2015.

française lors d'un rassemblement à Guingamp. Là aussi, brûler la Constitution aurait normalement fait réagir dans tout autre contexte. Mais l'ethnorégionalisme étant paix et amour, l'information n'a été que peu relayée. Nombreux furent les commentateurs à avoir préféré parler d'une manifestation de résistance au jacobinisme choquant du Conseil constitutionnel. Une telle action est toutefois intéressante dans ce qu'elle révèle. Si le fondement de la légitimité des revendications ethnorégionalistes est passé de la race à la langue, l'opposition à l'État est d'abord linguistique. Le plus grand crime de la France serait d'avoir éradiqué les langues régionales. L'État français est donc « ethnocidaire » et fasciste, puisqu'il ne les a pas enseignées. Dans cette logique, sans doute faudrait-il reconnaître quelque chose comme une parenthèse démocratique et tolérante sous Vichy. En effet, c'est le ministre de Pétain, Jérôme Carcopino, qui introduit l'étude des langues régionales à l'École par l'arrêté du 12 décembre 1941. « Nous ne cherchons pas à faire par des procédés identiques l'éducation des Provençaux, des Savoyards ou des Basques. L'unité française est aujourd'hui assez forte pour qu'il n'y ait aucun danger dans cette diversité », déclarait le général de La Porte du Theil, directeur des Chantiers de Jeunesse[1].

1. Cité par Labattut Philippe, *Être jeune en 1940. Les Chantiers de jeunesse*, Paris, Nouvelles éditions latines, 1985, p. 124 ; voir Guillon Jean-Marie, « L'affirmation régionale en Pays d'oc des années quarante », *Ethnologie française*, 33/3, 2003, p. 425-433.

Pourtant, là aussi, les historiens nuancent voire infirment ce récit victimaire. Des affiches souvent présentées par les militants déclinent à l'envi le thème « interdit de cracher par terre et de parler breton ». Elles semblent être des instruments de propagande puisque, comme le montre Fanch Broudic, sociolinguiste et défenseur du breton, aucun original n'a jamais pu être vraiment produit[1]. On serait donc devant une *fake news* devenue lieu commun. Ces langues ne sont d'ailleurs pas totalement absentes des établissements avant-guerre. Si elles ne sont pas transmises à l'École, les enseignants parient sur une pédagogie partant du local pour aller ensuite vers l'élargissement, en particulier en géographie[2]. Les instituteurs viennent généralement du département et sont pris dans les traditions locales. Le français s'apprend donc souvent de manière informelle à partir de la forme dialectale de la langue régionale. Il faut par ailleurs noter que non seulement l'enseignement n'était pas en mesure de faire disparaître les langues régionales, mais que son efficacité en matière de diffusion du français est à relativiser[3]. Olivier Pétré-Grenouilleau explique que

1. BROUDIC Fanch, « Il est interdit de cracher par terre et de parler breton », *Bulletin de la société archéologique du Finistère*, 2001, p. 363-370 ; BROUDIC Fanch, « Quelques nouveaux éléments sur "Il est interdit de cracher par terre et de parler breton" », *Bulletin de la société archéologique du Finistère*, 2002, p. 449-452.

2. PÉTRÉ GRENOUILLEAU Olivier, *Nos petites patries. Identités régionales et État central en France, op. cit.*, p. 152.

3. André Armengaud, « L'enseignement des langues régionales au XIXe siècle, l'exemple du sud-ouest toulousain », Christian GRAS

c'est surtout la pression familiale en vue de l'ascension sociale qui conduit à l'extinction des langues régionales[1]. Ces langues continuent à être parlées et ne sont réellement marginalisées qu'avec l'introduction de la culture de masse et de la télévision dans les foyers. Le phénomène a d'ailleurs été assez similaire ailleurs en Europe, sans qu'il soit besoin de vils hussards noirs. Plus que les procès posthumes des instituteurs, les ethnorégionalistes devraient donc demander à débaptiser les rues et déboulonner les statuess de tous ces infâmes acteurs du cinéma français. Ces horribles ethnocidaires ont tant fait pour que la langue de Molière s'impose partout dans l'Hexagone !

Un autre objet d'acrimonie : le découpage territorial. La France aurait à ce point voulu faire disparaître les identités régionales qu'elle aurait créé le département ! Maurras, sur lequel nous reviendrons, qui adhérera au Félibrige, note ainsi : « Il importe d'abolir le département ; le département est un cadre artificiel, ses seuls effets sont négatifs ; il comprime, il entrave la vie locale, il n'y répond à aucun intérêt réel ; il contredit l'histoire, la géographie, mêle les races, brouille les intérêts les plus divers[2]. » Dans le cas breton, il faut également évoquer le rattachement

---

et Georges LIVET (dir.), *Région et régionalisme en France*, Paris, PUF, 1974, p. 265-272

1. PÉTRÉ GRENOUILLEAU Olivier, *Nos petites patries. Identités régionales et État central en France*, *op. cit.*, p. 152.

2. Charles MAURRAS, *L'Idée de la décentralisation*, *op. cit*, p. 19.

de la Loire-Atlantique à la région Pays de la Loire par Vichy[1]. Cette infamie choqua tellement les ethnorégionalistes bretons de l'époque que, pris de folie et sans doute d'un syndrome de Stockholm, ils collaborèrent activement. Qu'importe que les départements tiennent en réalité compte des limites des anciens bailliages et sénéchaussées[2]. Le découpage départemental n'a jamais été purement symétrique. Le projet dc Robcrt de Hesseln n'a servi que de base pour ensuite conduire à des ajustements en s'appuyant sur les découpages existants. Les départements bretons, provençaux ou normands entrent dans le strict découpage des vieilles provinces sans que ne soient joints ou retranchés, sauf rares exceptions, des territoires à ces dernières. Le comité de travail a par ailleurs pris connaissance des avis de 1884 députés extraordinaires

1. Le non-rattachement est attribué à Vichy pour mieux le discréditer, ce qui est inexact. D'abord, Vichy ne fait que reprendre de vieux plans établis sous la IIIe République qui adoptent une approche fonctionnelle de la décentralisation. Ensuite, ce n'est en réalité qu'une déconcentration. Le régime ne se veut pas démocratique, il ne vise donc à aucun moment à décentraliser à la façon girondine et à faire de la région un instrument de représentation. Le découpage régional n'a qu'un objectif économique. En revanche, le régime fait la part belle aux identités régionales qu'il promeut en Bretagne comme en Provence. La politique linguistique de l'État français en témoigne avec le message de Pétain lu à Maillane, lors de la cérémonie félibréenne rituelle du 8 septembre 1940. Voir Christian FAURE, *Le Projet culturel de Vichy. Folklore et Révolution nationale, 1940-1944*, Éditions du CNRS/Presses universitaires de Lyon, Paris, Lyon, 1989.

2. Marie-Vic OZOUF-MARIGNIER, *La formation des départements. La représentation du territoire français à la fin du XVIIIe siècle*, Éditions de l'EHESS, Paris, 1989.

auxquels se sont ajoutées des controverses dans les départements. Le vrai débat à l'époque n'a pas porté sur le cadre départemental, très tôt acté contre celui de la province d'Ancien régime, mais sur le chef-lieu[1]. Toutefois, le mythe de l'oukase parisien perdure et persistera, car le département est un rival. Il représente un autre échelon d'expression démocratique, souvent plus proche. Il est paradoxal de se réclamer de la démocratie et de la proximité pour fusionner les deux départements alsaciens. Cela devient même ubuesque lorsqu'il s'agit d'envisager une collectivité unique de Bretagne à cinq départements. Ainsi, l'ancien député du Finistère et Garde de Sceaux, Jean-Jacques Urvoas, propose une assemblée unique de Bretagne. S'il veut supprimer les départements, il préconise la création de 26 conseils de territoire dans les « pays de Bretagne[2] ». Une simplification, évidemment. Mais dans ce système hypercentralisé. Ces conseils n'auraient pas de personnalité juridique et leurs présidents seraient nommés par l'Assemblée de Bretagne… L'expression des petites patries n'est valable ni au niveau du département ni même à l'échelle de structures *ad hoc* créées pour coller au mythe ethnorégionaliste. Il convient d'imposer, par le

1. Lorsqu'il a été question de créer les départements bretons, les députés de Bretagne à l'Assemblée nationale se sont réunis et ont donné leur accord en tant que Bretons pour morceler en 5 départements la province.

2. URVOAS Jean-Jacques, *Pour une assemblée de Bretagne, Manifeste pour une mutation institutionnelle*, Paris, Dialogues, 2014, p. 39.

haut, la lecture idéologique unanimiste qui supporte la promotion de l'identité. Loin d'être une alliée, la petite patrie est un danger. Elle est productrice de dissonance, car, plus proche, elle est un meilleur reflet du réel. Le peuple est un, sa voix ne peut être qu'une et la collectivité unique s'impose. C'est tout le paradoxe d'un ethnorégionalisme qui s'époumone à dénoncer le jacobinisme, mais qui le singe jusqu'à la caricature grotesque.

II

Une doctrine antirépublicaine

L'opposition entre l'ethnorégionalisme et la République renvoie à son histoire et à la matrice dont il est aujourd'hui l'héritier. La querelle de l'héritage est d'ailleurs, de loin, celle qui anime le plus violemment les milieux militants et qui a fait l'objet du plus de travaux. La bataille des historiens est, en la matière, d'abord idéologique. Ce chapitre ne se veut pas une synthèse exhaustive, encore moins un point final aux débats. Il s'envisage essentiellement comme la mise en exergue d'un cadre doctrinal qui a porté le courant pour mieux en comprendre l'actualité et les lignes de fracture. L'ethnorégionalisme trouve sa source dans une synthèse idéologique réalisée par Maurras. Il en constituera toutefois une relecture radicale faisant fi des finesses de l'analyse du fondateur de l'Action française. Qui plus est, au milieu du XXe siècle, le tournant racialiste qui marque ces partis représente un héritage bien difficile à assumer pour leurs descendants.

Un creuset maurrassien

Situer les partis ethnorégionalistes sur l'échiquier politique est difficile. Nous constaterons en effet que beaucoup ont vu leurs stratégies d'alliances évoluer de l'extrême droite vers la gauche. Ces partis ont été qualifiés de « fascistes » par certains, au vu de leur histoire. Pour d'autres, la rhétorique d'opposition à la domination qu'ils revendiquent les classerait nécessairement à gauche. On pourrait également considérer que leur attachement à la conservation des cadres naturels ayant porté l'épanouissement des cultures, les prédestinait à l'écologie politique. Soit. Peut-être. Mais tout cela ressemble surtout à une reconstruction militante ou à des illusions rétrospectives.

On constate en réalité une forte adaptation politique de ces courants à dessein de peser dans la vie politique de l'époque dans laquelle ils évoluent. « Ce n'est pas la girouette qui tourne, c'est le vent », aurait dit Edgar Faure. Cependant, la girouette a tout de même un socle, et c'est ce dernier qu'il faut analyser. Comme le note Stein Rokkan, les partis politiques se structurent à plusieurs moments historiques charnières qui stabilisent leur ADN[1]. Les courants régionalistes en Europe émergent essentiellement à la fin

1. Rokkan Stein, Urwin Derek (dir.), *The Politics of Territorial Identity. Studies in European Regionalism*, Londres, Sage, 1982 ; *Id.*, *Economy, Territory, Identity. Politics of West European Peripheries*, Londres, Sage, 1983.

du XIXe siècle en lien, on l'a constaté, non pas avec la centralisation des États, mais avec la révolution industrielle. Celle-ci conduit au déracinement des populations par l'exode rural. Elle modifie les microcosmes locaux en réduisant les distances de trajet, uniformise la culture par la rationalisation technique et la diffusion de masse des produits. En 1895, est créé le Parti national basque, en 1898 l'Union régionaliste Bretonne. À la fin du XIXe siècle, ce phénomène va rencontrer la pensée d'auteurs comme Maurras, qui le dote d'une structure idéologique qui va demeurer relativement stable.

Une opposition à la décentralisation républicaine

« Il y a donc dans l'identité de la France ce besoin de concentration, de centralisation, contre lequel il est dangereux d'agir. Ce qui vous suggère que je ne vois pas la décentralisation d'un œil tout à fait favorable. Je ne la crois d'ailleurs pas facile. Je crois que le pouvoir central est tel que, à chaque instant, il peut ramener les régions qui seraient trop égoïstes, trop soucieuses d'elles-mêmes, dans le sens de l'intérêt général[1]. » Malgré cette mise en garde de Fernand Braudel, il existe une tradition républicaine de

1. BRAUDEL Fernand, « L'identité de la France est incompréhensible sans la suite des événements de son passé », *Le Monde*, 24-25 mars 1985.

la décentralisation qui avait conditionné sa possibilité à l'absence de considération ethno-identitaire. Elle semble aujourd'hui battue, reléguée au profit de l'ethnorégionalisme. Dans ses 64 propositions aux candidats à la présidentielle de 2022, l'association Régions de France reprend la presque totalité des demandes des nationalistes corses ainsi que la reconnaissance de l'enseignement immersif dans la Constitution. Le 21 juillet, l'organisation émet même un communiqué en faveur de l'indépendance de l'île… avant de rétropédaler en panique vingt minutes plus tard et de remplacer le mot indépendance par autonomie. Il y a donc, aujourd'hui, un dévoiement de la décentralisation en faveur de l'ethnorégionalisme. Il convient donc de bien distinguer ces traditions[1].

Historiquement, on note d'abord l'existence d'un régionalisme économique dont les revendications portent sur une décentralisation des politiques publiques en vue de les rendre plus efficaces. On parle alors souvent de régionalisme fonctionnel. C'est celui qui anime les grands programmes de décentralisation technocratique des Trente Glorieuses qui aboutiront à la création des régions. Il trouve des sources à la fois dans les sociétés de géographie de la fin du XIXe siècle et dans quelques réussites concrètes de la Fédération régionaliste française. Cela donne lieu, notamment, en 1916, au regroupement des chambres

1. Voir aussi MOREL Benjamin, « La différenciation territoriale, girondisme ou maurrassisme », *Humanisme*, n° 344, 2022, p. 46-54.

de commerce à l'initiative de Paul Clémentel. C'est également la vision portée par le projet de loi constitutionnelle de 1969, à cause duquel de Gaulle démissionne. Certes, dans le discours de Lyon du 24 mars 1968, le Général annonce que l'effort multiséculaire de centralisation ne s'impose plus. Il ne plaide pas pour autant pour une régionalisation, ni même pour une décentralisation politique. Il précise dans ce discours que ce sont « les activités régionales qui apparaissent le ressort de sa puissance économique de demain ». Les conseils régionaux ne seraient pas désignés au suffrage universel direct. Ils auraient été le produit d'un collège composé aux trois cinquièmes d'élus municipaux et départementaux et aux deux cinquièmes de conseillers régionaux socioprofessionnels, choisis par les organismes représentatifs.

Une autre tradition fait des collectivités locales un instrument de démocratisation des politiques publiques. En réalité, les liens de ce courant de pensée avec la région sont difficiles. Ce mouvement libéral remonte au début du XIXe siècle. S'y inscrivent des auteurs comme Benjamin Constant. Cette tradition décentralisatrice passe dans l'histoire républicaine[1], notamment

1. Il faut dissocier la décentralisation administrative qui peut être envisagée par certains députés et la décentralisation politique qui est absolument refusée. L'idée d'unité est présente et affirmée sur tous les bancs, ce dès les cahiers de doléance dont elle représente une itération importante. Voir COURVOISIER Claude, « Autonomie et unité dans les cahiers de doléances », dans MOREAU Jacques, VERPEAUX Michel, *Révolution et décentralisation*, Paris, Economica, 1992, p. 39.

sous le Second Empire. Les républicains voient ainsi dans les institutions locales des instruments pouvant servir de contre-pouvoirs à l'Empereur. C'est toutefois la commune, bien plus que la région, qui est envisagée comme le navire amiral de cette décentralisation démocratique. Elle est à la fois un outil de démocratisation des politiques publiques et d'éducation des citoyens. Barni parle alors dans son *Manuel républicain* de la commune comme de la « petite république dans la Grande[1] ». De même, Louis Blanc pose les bases de ce qui sera le radicalisme : « Centralisation politique, mais vie et liberté communale[2]. » Certes, la diffusion de l'imaginaire nationaliste après la défaite contre la Prusse passe par une exaltation romantique d'une identité éternelle qui peut se conjuguer avec l'idéalisation des cultures locales. Elle demeure instrumentale. Le cas le plus emblématique est celui du Parti radical, régionaliste en province et liquidateur contrarié du droit alsacien-mosellan sous Herriot. Un Jacobin fervent, Georges Clemenceau, n'aura alors aucun scrupule à parler de fédéralisme. Comme le montre Serge Berstein, il s'agit surtout pour le parti de satisfaire certains comités locaux tout en conservant dans sa pratique du pouvoir son héritage idéologique ancré dans un centralisme pointilleux.

---

1. BARNI Jules, *Manuel Républicain*, Paris, Germer Baillière, 1872, p. 23.
2. Cité BERSTEIN Serge, « Le parti radical et le problème du centralisme », dans GRAS Christian et LIVET Georges (dir.) *Région et régionalisme en France*, Paris, PUF, 1974, p. 227.

Cette tradition que l'on pourrait qualifier de républicanisme libéral entre en opposition avec le régionalisme réactionnaire du XIXe siècle[1]. Le libéralisme politique dont elle est issue est en effet inquiet d'une montée en puissance des identités régionales. « Pour qu'une confédération subsiste longtemps, il n'est pas moins nécessaire qu'il y ait homogénéité dans la civilisation que dans les besoins des divers peuples qui la composent », écrit Alexis de Tocqueville dans *De la démocratie en Amérique*[2]. Pour le philosophe libéral, la cohésion ethnoculturelle et linguistique est une condition indispensable à la stabilité d'un régime reposant sur les pouvoirs locaux[3].

1. VIGUIER Philippe, « Région et régionalisme au XIXe siècle », dans GRAS Christian et LIVET Georges (dir.), *Région et régionalisme en France*, Paris, PUF, 1974, p. 173.

2. Il ajoute : « Il y a un fait qui facilite, admirablement, aux États-Unis, l'existence du gouvernement fédéral. Les différents États ont non seulement les mêmes intérêts à peu près, la même origine et la même langue, mais encore *le même degré de civilisation* ; ce qui rend toujours l'accord entre eux chose facile. Je ne sais s'il y a si petite nation européenne qui ne présente un aspect moins homogène dans ses différentes parties que le peuple américain, dont le territoire est aussi grand que la moitié de l'Europe. » TOCQUEVILLE Alexis, *De la démocratie en Amérique*, dans *Œuvres*, coll. « Bibliothèque de la Pléiade », Paris, Gallimard, 1992, p. 189.

3. Conviction qu'il partage aussi avec Charles Maurras pourtant fervent régionaliste. ROUVILLOIS François, « Le Fédéralisme réactionnaire, le cas Maurras », dans BOUTIN Christian, ROUVILLOIS François, *Décentraliser en France, idéologies, histoire et prospectives*, coll. « Combats pour la liberté de l'esprit », Paris, François-Xavier du Guibert, 2003, p. 123 ; BARRÈS Maurice, MAURRAS Charles, *La République et le Roi, Correspondance inédite, 1888-1923*, Paris, Plon, 1970, p. 153.

Ces deux traditions, fonctionnelle et libérale, sont à la source de ce que nous appelons la décentralisation. Leur interrelation, pas toujours harmonieuse, est au cœur de ses défaillances. La démocratisation des politiques publiques implique de petites collectivités fondées sur une répartition claire et lisible des compétences. L'efficacité de ces mêmes politiques publiques induit en revanche des cadres d'action plus larges et un partage complexe des responsabilités. Cela est toutefois un autre sujet.

L'histoire de l'ethnorégionalisme français trouve ses sources dans une tradition toute différente. C'est d'abord la contre-révolution, notamment sous l'impulsion d'Eugène François d'Arnauld et Louis de Bonald[1], qui en représente la première impulsion. Le candidat légitimiste au trône de France, le comte de Chambord, crée le journal *La Décentralisation.* Le 5 juillet 1871, il annonce son souhait de placer son règne sous ce signe. Ferdinand Béchard, député légitimiste, propose le premier, le 18 octobre 1848, d'inscrire ce principe dans la Constitution. C'est surtout à partir de 1830 qu'une dynamique se met en place. L'Église de France, suivant Rome décidée à combattre les idées révolutionnaires de la monarchie de Juillet, va en effet propager la doctrine régionaliste[2]. Certains évêques

1. Voir PÉTRÉ GRENOUILLEAU Olivier, *Nos petites patries. Identités régionales et État central en France, op. cit.*, p. 103.
2. CHOLVY Gérard, « Régionalisme et clergé catholique au XIXe siècle », dans GRAS Christian, LIVET Georges (dir.), *Région et*

poussent alors le clergé à dénoncer la centralisation et à favoriser les langues régionales.

Avec l'émergence, sous le Second Empire, d'une pensée républicaine de la décentralisation, des synergies sont tentées. Gauche et droite cohabitent au sein de la Fédération régionaliste française de Jean Charles-Brun, fondée en 1900. Folkloriste et romancier, proche de Mistral, secrétaire de la Société des amis de Proudhon, ce dernier sera le grand fédérateur des régionalistes de la fin du XIXe siècle, avant de devenir ministre sous Vichy. Le courant s'enrichit par ailleurs de nombreux proudhoniens se ralliant, notamment dans le Sud, aux félibres devant leur marginalisation engendrée par la montée du marxisme[1]. Toutefois, c'est la droite traditionaliste qui tire les ficelles de l'organisation, de même que celles de la rédaction du programme de Nancy[2]. Ce dernier n'est en effet pour beaucoup qu'un premier pas vers une « résurrection des provinces ». Il a principalement pour objectif de faire pièce à toute résurgence républicaine que ne manquerait pas d'imposer une révolution du peuple parisien. Ses soutiens sont

---

régionalisme en France, Paris, PUF, 1974, p. 192-195 ; PÉTRÉ GRENOUILLEAU Olivier, *Nos petites patries. Identités régionales et État central, en France*, *op. cit.*, p. 183 et suivantes.

1. NGUYEN Victor, « Aperçu de la conscience d'Oc autour des années 1900 », GRAS Christian, LIVET Georges (dir.), *Région et régionalisme en France*, Paris, PUF, 1974, p. 245.

2. VOILLARD Odette, « Autour du programme de Nancy », GRAS Christian, LIVET Georges (dir.), *Région et régionalisme en France*, Paris, PUF, 1974, p. 287-303.

majoritairement issus du parti de l'Ordre sous la deuxième République. Ils veulent tirer les enseignements de la chute de Louis Philippe et des oppositions à la loi du 31 mars 1850, vus comme des phénomènes essentiellement parisiens.

Charles Maurras, qui renouvelle ces réflexions, notamment au sein des félibres, est le fruit de cette époque de synthèse. Il hérite des ultra-royalistes une vision réifiée des cultures régionales comme témoignage d'une identité antique et authentique de la France. Il les enrichit de sa lecture de Pierre-Joseph Proudhon. Il tire de ce dernier l'idée d'une résistance par le bas au pouvoir. Alors que les ultras étaient d'abord monarchistes et consécutivement décentralisateurs, Maurras est d'abord décentralisateur et consécutivement monarchiste. La décentralisation n'est pas une façon de revenir à ce qui fut, mais au contraire un instrument de transformation de la société nécessitant sa conjugaison avec la monarchie. Il convient de vivifier, à travers la décentralisation, le « pays réel » contre le « pays légal » en se fondant sur une approche ethnolinguistique. L'ensemble ne forme toutefois pas vraiment un État stable, encore moins une nation politique. Pour éviter la guerre civile, il faut, par conséquent, pour tenir le tout, un roi[1].

1. « C'est pour le bien organiser que nous voulons aller au Roi ; mais c'est pour ne rien gaspiller, pour tout utiliser dans le meilleur état possible que nous conseillons l'autonomie des pouvoirs locaux et professionnels. Les républicains autonomistes et fédéralistes, qui s'étaient cachés longtemps, ne se dérobent plus. Ils ne nous disent

Bien que Maurras ait rompu avec Jean Charles-Brun au cours de l'affaire Dreyfus, le camp régionaliste se réconcilie autour d'une base maurrassienne après-guerre. La Fédération régionaliste française épouse singulièrement cette option après 1918, alors que la réintégration de l'Alsace-Moselle conduit nombre de républicains à sortir de l'ambiguïté sur le sujet[1]. Ainsi Gasquet et sa revue *Pays de France*, s'inscrivent dans le sillage du Félibrige, mais avec une orientation républicaine, socialiste et dreyfusarde. La revue prétend accomplir la Révolution française à travers le fédéralisme et l'enseignement des langues régionales. Mais les contradictions sont trop fortes et il finit par rejoindre l'Action française et Charles Maurras. Il en ira de même de Georges Sorel, qui contribue aussi à la revue et condamne son évolution avant de dériver à son tour vers l'antisémitisme. Ce qui motive l'antisémitisme de Sorel est le rejet d'une domination intellectuelle d'un groupe. Il y a là un point de contact entre le régionalisme et l'antisémitisme[2]. L'État central, Paris, est réputé tenu par les minorités, donc, évidemment, par la minorité juive.

---

pas comment leur régime, où la centralisation est fatale, réalisera ce qu'ils veulent. » MAURRAS Charles, « La monarchie fédérative », *L'Étang de Berre*, 1915.

1. PÉTRÉ GRENOUILLEAU Olivier, *Nos petites patries. Identités régionales et État central en France*, *op. cit.*, p. 190.

2. GIANINAZZI Willy, « Régionalisme, dreyfusisme et nationalisme. Lettres d'Émile Durkheim et de Georges Sorel au poète Joachim Gasquet (1899-1911) », *Mil neuf cent. Revue d'histoire intellectuelle*, 26/1, 2008, p. 143-162.

Les formations ethnorégionalistes, qui emprunteront par la suite leur symbolique et une part de leur programme au NSDAP, font leurs premières armes dans les courants maurrassiens. Le Félibrige inspire ainsi les nationalistes corses. En Bretagne, Job Loyant, ancien président des « Camelots du roi », fait partie des chefs du PNB en 1912. La première réunion de *Breiz Atao,* journal breton qui servira de matrice aux régionalistes collaborationnistes, a lieu à 1919 à Saint-Brieuc dans les locaux de l'Action française. Partant du maurrassisme et du Félibrige, la pensée régionaliste se structure en réseaux. Le 12 septembre 1927, au congrès de Quimper, est fondé le Congrès national des minorités nationales de France. Il rassemble les principaux mouvements régionalistes français : les représentants autonomistes bretons, l'Alsacien Paul Schall, le Corse Petru Rocca. Les organes de presse entrent aussi en dialogue. Le journal nationaliste corse *A murva* reproduit des articles du journal breton *Breiz Atao*[1] qui reprendra les déclarations antifrançaises et antirépublicaines de Santu Casanova[2]. En juin 1936, est lancé le *Bulletin des minorités nationales en France.* Il devient, en

1. POMPONI Francis, « Le régionalisme corse dans l'entre-deux-guerres (1919-1939), dans GRAS Christian, LIVET Georges (dir.), *Région et régionalisme en France*, Paris, PUF, 1974, p. 409.
2. Un poète nationaliste porté par tous les courants, exilé volontaire aux frais du gouvernement fasciste dans une villa italienne. POMPONI Francis, « Le régionalisme corse dans l'entre-deux-guerres (1919-1939), *op. cit.,* p. 414.

janvier 1937, *Peuples et Frontières* sous le patronage de *Breiz Atao*[1]. Si le régionalisme français trouve son origine dans les félibres et chez Maurras, l'influence du courant breton apparaît cruciale dans les années 1930. Il ne sera pas pour rien dans la pénétration des théories raciales.

L'arrivée au pouvoir du Maréchal Pétain en 1940 représente une « divine surprise » pour les mouvements ethnorégionalistes. Pétain rend ainsi hommage à Mistral dans un message lu à Maillane lors de la cérémonie félibréenne rituelle du 8 septembre 1940 : « "Évocateur sublime de la France nouvelle que nous voulons instaurer en même temps que de la France traditionnelle que nous voulons redresser", "sage, l'égal des plus sages", "chantre inspiré de la race latine", Mistral, "patriote, dont l'œuvre et la vie témoignent de l'attachement à la petite Patrie", doit être le "guide", le "maître", l'"animateur", l'"inspirateur" de la "renaissance française"[2]. » Le 1er juin 1941, le Maréchal est fait *sòci* d'honneur du Félibrige, Maurras en devient élu majoral. Jean Charles-Brun participe en 1941 aux travaux de la commission des Provinces du Conseil national. Jean Hennessy est président de la ligue de représentation professionnelle et d'action régionaliste

1. DEFOORT Éric, « Jean Marie Gantois dans le mouvement flamand en France (1919-1939) », dans GRAS Christian, LIVET Georges (dir.), *Région et régionalisme en France*, Paris, PUF, 1974, p. 334.

2. Cité par GUILLON Jean-Marie, « L'affirmation régionale en Pays d'oc des années quarante », *Ethnologie française*, 33/3, 2003, p. 425-433.

au sein de la Fédération régionaliste française, fondateur du Parti social national en 1933. Il dédie en 1942 son dernier ouvrage, *Diplomatie nouvelle et fédéralisme*, au maréchal Pétain[1].

Les cultures régionales sont mises à l'honneur. Ce que l'on appelle alors le Folklore est opposé dans la propagande officielle à la culture parisienne du pays légal[2]. L'insistance sur les racines authentiques à retrouver dans la tradition des provinces est au cœur de la politique culturelle du régime. Dans son discours du 11 juillet 1940, Pétain annonce également la création de provinces, parlant en leur sein d'une administration « concentrée décentralisée ». La circulaire du 9 octobre 1940 encourage l'enseignement du « dialecte rural » et de l'histoire locale. L'arrêté du 24 décembre 1941 introduit l'enseignement des langues régionales à l'École. On débaptise les rues et places de la République ou de noms républicains pour les appeler Frédéric Mistral[3].

L'année 1941 voit la création d'une Commission de la réorganisation administrative présidée par Lucien Romier. Si l'exclusion de Nantes de la région Bretagne permet aux ethnorégionalistes bretons de se poser en

1. HENNESSY Jean, *Diplomatie nouvelle et fédéralisme*, Paris, Éditions de la Caravelle, 1942.

2. FAURE Christian, *Le Projet culturel de Vichy : Folklore et Révolution nationale, 1940-1944*, Lyon, CNRS/Presses universitaires de Lyon, 1989.

3. GUILLON Jean-Marie, « Le Var rouge dans la vague blanche », *XXe siècle, revue d'histoire*, 1990, p. 57-63.

victimes, et donc de se laver de l'héritage de Vichy, la réalité est plus complexe. Les régions sont alors en partie construites sur des objectifs militaires et n'ont aucune valeur définitive[1]. Un redécoupage doit avoir lieu, mais pas dans les circonstances de la guerre[2]. Un Conseil consultatif de Bretagne est créé par Vichy. C'est la première assemblée bretonne depuis la dissolution des États de Bretagne en 1790. Les ethnorégionalistes obtiennent une épreuve de breton dans les concours administratifs, introduisant donc une quasi-coofficialité de la langue. Pour le régime de Vichy, qui ne se caractérise pas par son culte de la démocratie, la participation locale n'est toutefois pas un objectif. Cela relativise, pour les acteurs de l'époque, la question du découpage. Le régionalisme est culturel, mais il ne saurait conduire à remettre en cause le fondement autoritaire du régime. Les circonscriptions administratives se doivent donc de répondre à un impératif économico-militaire, non à des enjeux culturels ou démocratiques. Le régionalisme de Vichy est ainsi administrativement fonctionnel et culturellement identitaire.

1. ROCHER Anne, « 1941, l'amputation de la Bretagne », *Armen*, 91, 1998, p. 12-21.

2. BARUCH Marc-Olivier, « L'État français et la création des régions », dans BOUGEARD Christian (dir.), *Bretagne et identités régionales pendant la Seconde Guerre mondiale*, Brest, CRBC/UBO, 2002, p. 3-46.

Maurras, mal compris

L'ethnorégionalisme français se structure donc sur un fondement essentiellement maurrassien[1], même si l'on verra qu'en la matière Charles Maurras a été en réalité bien mal compris par ses successeurs. On peut considérer que les bases alors introduites demeurent assez stables. On les trouve systématiquement développées dans tous les discours ethnorégionalistes, oubliant souvent le cadre conceptuel et les conséquences qu'y attachait Maurras.

Tout d'abord l'autonomie doit être acquise, car elle s'appuie sur une identité ethnique dont témoigne la langue. Les droits politiques sont en conséquence liés non à l'appartenance à une communauté politique, mais à une communauté substantielle, reposant sur un facteur racial et culturel. « Le fédéralisme, c'est donc essentiellement la doctrine de *l'autonomie* et de l'autonomie locale ou tout au moins ethnique[2] », écrit Maurras. On est ainsi très loin du fédéralisme allemand ou américain, basé sur un découpage, historique ou géographique, arbitraire et non ethnolinguistique. Pour Maurras, à l'origine, le fondement de cette autonomie est à chercher dans la défense de la race contre les menaces exogènes. « Dans cet oubli

1. Voir aussi sur ce sujet MOREL Benjamin, « La différenciation territoriale, girondisme ou maurrassisme ? », *Humanisme*, 1/334, 2022, p. 46-53.
2. MAURRAS Charles, *L'idée de la décentralisation*, *op. cit.*, p. 20.

de la Lorraine, il s'est fait le concitoyen de toutes les pourritures asiatiques », écrit-il, en commentant *Les Déracinés*[1] de Barrès. Pour Maurras comme pour les ultras, les cultures régionales sont un instrument de résistance à la pénétration des idées issues de la Révolution. De manière plus nouvelle, elles sont aussi un outil permettant au peuple de réagir contre l'intrusion de populations et de cultures allogènes. Le pays réel ne peut reconnaître comme concitoyen l'étranger que lui impose le pays légal.

L'autonomie est fondée sur un fétichisme du pouvoir législatif. Les collectivités doivent pouvoir voter leurs lois. Dans quel domaine et pour quoi faire, cela est secondaire. L'important, pour Maurras, est de faire pièce à l'héritage de la nuit du 4 août 1789, abolissant les privilèges des ordres et des provinces. « La loi doit se plier aux variétés physiques et morales du pays, ou plutôt découler de ces variétés[2] », écrit-il. C'est probablement la plus grande rupture introduite par cette tradition tant l'unité de la législation était un fondement commun aux républicains, aux bonapartistes et aux monarchistes. Ce n'est que ces dernières années, nous y reviendrons, que cette idée semble à nouveau contestée. En effet, Rousseau et la pensée politique française considèrent que si la loi n'est pas la même pour tous, dès lors, ceux qui la votent et l'appliquent risquent de s'en exempter. Elle se mue

1. BARRÈS Maurice, *Les Déracinés*, Bibliothèque Charpentier, Paris, 1897.

2. MAURRAS Charles, *L'idée de la décentralisation*, *op. cit*, p. 14.

alors en instrument d'oppression et la fin de l'égalité emporte parallèlement celle de la liberté.

Pour Maurras, la loi est le produit d'une petite caste parisienne. Rompre l'unité de la loi, c'est briser le pouvoir de l'anti-France qui domine la haute administration. C'est le rendre au « pays réel » fondé, ancré, légitimé, dans la proximité et l'identité. « Dans une nation désorganisée comme la nôtre, toute minorité que des circonstances ou des habitudes particulières tiennent unie y devient facilement prépondérante ; car elle rencontre pour adversaires non des unités politiques comme elle-même, mais des personnes isolées qu'elle vainc une à une. Les antisémites expliquent ainsi l'influence de la société israélite parmi nous. » Maurras ajoute : « On pourrait calculer en mathématicien, par la simple analyse, à quelles catégories de personnes doivent déplaire les thèses provincialistes et nationalistes. Il suffit de se demander à qui profitent l'émiettement de la nation en individus et la toute-puissance de l'État centralisateur[1]. » Cette idée demeure profondément ancrée dans le régionalisme moderne et permet de désactiver toute critique. Dès lors que ce dernier est attaqué, il inculpe de parisianisme ses détracteurs.

Pour rompre les résistances à l'unité nationale et imposer l'idéologie « parisienne », la République est accusée de décréter un découpage territorial niant ces identités. La République est donc coupable

1. MAURRAS Charles, *L'idée de la décentralisation*, *op. cit.*, p. 29.

d'édicter des limites administratives et politiques ne tenant pas compte de la géographie ethnolinguistique. C'est notamment le département qui est visé par le courant maurrassien comme rejet du fond ethnique de la nation[1]. Il est vrai, comme le montre Pierre Legendre, que ce dernier a été le pilier d'une décentralisation républicaine[2]. C'est le département et la commune qui ont ouvert la voie à une décentralisation comme instrument de démocratisation et non comme outil de reconnaissance identitaire. En établissant un cadre administratif homogène et à l'organisation unique, la Révolution permet de sortir des débats institutionnels pour interroger les fonctions et les politiques menées par la collectivité. Au contraire, pour Maurras, il convient d'adapter les structures et les divisions aux traditions et aux races. « Les décentralisateurs veulent exporter de Paris certaines institutions toutes faites et les implanter en province ; les fédéralistes voudraient qu'on mît les pouvoirs locaux en état de créer et d'alimenter sur les lieux mêmes où elles doivent grandir et prospérer ces institutions. » L'Union démocratique bretonne propose de substituer aux départements des « pays », c'est-à-dire le traditionnel découpage de la

1. Même si les départements tiennent en réalité compte des limites des anciens bailliages et sénéchaussées. OZOUF-MARIGNIER Marie-Vic, *La formation des départements. La représentation du territoire français à la fin du XVIIIe siècle*, Paris, Éditions de l'EHESS, 1989.

2. LEGENDRE Pierre, *Le Fantôme de l'État en France*, Paris, Fayard, 2015.

Bretagne féodale[1]. De même, Maurras écrit, « l'idéal serait de revenir aux "districts" de 1790, qui correspondent aux "pays" de l'Ancien Régime, même dans le sud aux *pagi* de la Gaule romaine[2] ». La singularisation institutionnelle qui va marquer ses courants demeure un fort héritage auquel les républicains ont longtemps résisté. Ce n'est plus le cas. Europe Écologie-Les Verts prône aujourd'hui un « fédéralisme différencié », fondé sur les identités locales. Emmanuel Macron a soutenu sous l'appellation de la « différenciation territoriale[3] » une politique ayant abouti à la création d'une collectivité européenne en Alsace. Les débats actuels en Bretagne reprennent les mêmes termes et revendications que ceux portés au sein du Conseil culturel mis en place par Vichy : Assemblée provinciale, législation locale, autonomie culturelle et budgétaire[4].

De Maurras, il est toutefois fait un usage fautif. D'abord, ce dernier ne conçoit l'ethnorégionalisme que comme un instrument de défense de la nation. « Tout ce qu'on dit contre la province vaut contre la nation. Tout ce qu'on dit contre la nation est utilisé

---

1. *L'Assemblée de Bretagne selon l'UDB*, Saint-Brieuc, Presses populaires de Bretagne, 2020.

2. MAURRAS Charles, *L'idée de la décentralisation*, *op. cit*, p. 20.

3. MOREL Benjamin, « La différenciation territoriale, émergence sans bruit d'un nouveau paradigme », *Revue du Droit public*, n° 4, 2022, p. 1053-1080.

4. FOUÉRÉ Yann, « Le régionalisme breton sous le gouvernement de Vichy », dans GRAS Christian, LIVET Georges (dir.) *Région et régionalisme en France*, Paris, PUF, 1974, p. 484.

contre la province », écrit-il dans *La Monarchie fédérative*. C'est un point qu'il partage avec Mistral qui note le 30 mars 1875 : « La religion, les traditions, rivalisons dans l'étude, dans le travail et l'honneur, pour exalter des façons diverses le nom de France[1]. » La vision qu'ils développent est conçue comme un instrument de défense de l'identité profonde du pays. Le fédéralisme est une façon de recentrer l'État sur les priorités vitales. « Dans l'affaire Dreyfus, l'État, si puissant contre toutes les initiatives privées, s'était trouvé sans armes pour défendre sa prérogative militaire et judiciaire[2]. » Maurras dénonce ainsi la congestion du centre qui l'empêche de soutenir efficacement l'idée qu'il se fait de la nation. Pour lui, l'État-nation est une forme en voie de décadence qui, après s'être imposée aux identités régionales, n'a à présent plus le moyen de les étouffer. Alors que Maurras veut le revitaliser, les ethnorégionalistes modernes perçoivent l'occasion de s'en débarrasser. Maurras met en effet deux conditions à la réussite de son projet.

La première est la liquidation de la République. La République démocratique est vue par Maurras comme incompatible avec la décentralisation ou le fédéralisme en ce que celui-ci y dégénérerait forcément en

1. Cité par CHOLVY Gérard, « Régionalisme et clergé catholique au XIXe siècle », dans GRAS Christian, LIVET Georges (dir.), *Région et régionalisme en France*, Paris, PUF, 1974, p. 195.

2. MAURRAS Charles, *L'idée de la décentralisation*, *op. cit.*, p. 43.

anarchie[1]. Il faut donc un gouvernement non représentatif et autoritaire pour assurer les libertés locales. La liberté du bas doit impliquer l'autorité en haut. Pour Maurras, la République ne peut pas se décentraliser. Elle éclaterait. Or, il revient longuement sur l'importance d'une France restant unie. Pour trouver en elle la force de se régénérer dans son authenticité provinciale, elle a besoin d'un roi. « C'est pour la bien organiser que nous voulons aller au Roi ; mais c'est pour ne rien gaspiller, pour tout utiliser dans le meilleur état possible que nous conseillons l'autonomie des pouvoirs locaux et professionnels. Les républicains autonomistes et fédéralistes, qui s'étaient cachés longtemps, ne se dérobent plus. Ils ne nous disent pas comment leur régime, où la centralisation est fatale, réalisera ce qu'ils veulent. » Le peuple français « fermement uni sous son Roi, assez décentralisé pour n'être pas troublé de secousses intérieures, reprendrait son antique magistrature en Europe. Nous serions… Mais nous sommes en République démocratique et centralisée ! » Maurras est particulièrement opérant pour comprendre les crises européennes actuelles : la monarchie étant dès lors, comme ciment, combattue par les nationalistes catalans, écossais, flamands.

La seconde condition est que le fédéralisme ne touche que les provinces dont le creuset culturel n'est pas trop différent du tronc commun « gallo-roman ».

1. MAURRAS Charles, *L'idée de la décentralisation*, *op. cit.*, p. 131-132.

Maurras craint que son système entraîne, malgré le Roi, une explosion du pays. Ainsi en vient-il à envisager, pour sauver son fédéralisme du sécessionnisme, un modèle de décentralisation dont seraient bannis l'Alsace, la Bretagne, le Pays basque et les Flandres[1].

Une partie de la droite qui assume aujourd'hui l'héritage de Maurras et met en avant les identités bretonnes ou alsaciennes contre le centralisme parisien ferait donc bien de revoir ses gammes. Sauf à proposer explicitement la fin de la République et la mise en coupe réglée de ces régions, son maître à penser prévient que son projet ne mènera la France qu'au chaos et à la guerre civile. Les exemples étrangers et les études que nous examinerons donnent plutôt raison en la matière au fondateur de l'Action française, qu'à ses héritiers.

Le tournant racialiste

Le journal, *Le Télégramme* titrait, le 11 juillet 2021, en Une : « Bretagne : des gènes bien à nous », à propos d'une étude sur la génétique locale. Le journaliste arguait « cette étude, mine de rien, est un nouvel atout inattendu dans la manche des

1. Rouvillois Frédéric, « Le Fédéralisme réactionnaire, le cas Maurras », *Décentraliser en France, idéologies, histoire et prospectives*, coll. « Combats pour la liberté de l'esprit », Paris, François-Xavier du Guibert, 2003, p. 123 ; Barrès Maurice, Maurras Charles, *La République et le Roi, Correspondance inédite, 1888-1923*, Paris, Plon, 1970, p. 153.

défenseurs de la réunification de la Bretagne et de la Loire-Atlantique ». La génétique au service des revendications territoriales. Humour ? Peut-être. Humour, douteux alors. Le fait que personne en Bretagne n'ait réagi sur ce sujet en dit beaucoup sur l'état du débat public. Imagine-t-on *Le Figaro* ou *Le Monde* titrer « France : des gènes bien à nous » et en tirer la conclusion qu'il convient de rattacher la Wallonie à la France ? Si l'ethnorégionalisme est réputé ne plus se fonder que sur la langue, les rapports avec le passé raciste du mouvement demeurent souvent ambivalents.

La génétique est une alliée bien embêtante. D'abord, évidemment, l'argument est sujet à controverse. Ensuite, il joue parfois contre la thèse ethnorégionaliste. Toute l'ambiguïté de l'étude présentée par *Le Télégramme* est de montrer qu'en réalité il y a assez peu de variations génétiques régionales en France. Le choix de mettre en avant le gène breton en dit plus sur la ligne éditoriale du journal que sur la génétique des populations. Au Pays basque également, les études génétiques tant mises en exergue par les ethnorégionalistes ne sont en réalité pas concluantes[1]. Mais qu'importe, l'essentiel est qu'à travers des titres de presse, le sujet passe dans les conversations et devienne un lieu commun. Encore un. Il y a donc un gène basque, et ce gène ouvre au monde. Si vous n'y croyez pas, c'est que vous êtes un intolérable intolérant non ouvert

1. CHABAUD Raymond, *L'invention du Pays basque*, Paris, Cairn éditions, 2019, p. 47-52.

à la néolithique identité basque en mouvement. Bref, vous êtes un Parisien, même si vous vivez à Bayonne.

Le rapport ambigu à la génétique traduit une difficulté de ces courants politiques à penser et à faire l'inventaire du passé récent. Car si les ethnorégionalistes ne furent pas les seuls à se perdre au milieu du siècle, le moins que l'on puisse dire c'est qu'ils voient encore l'histoire avec des œillères.

L'héritage de l'entre-deux-guerres

L'héritage maurrassien fait passer l'ethnorégionalisme d'un traditionalisme réactionnaire à une conception plus ethniciste de la société, que le soubassement chrétien pousse toutefois d'abord vers une affirmation culturaliste. L'entre-deux-guerres introduit, cependant, au sein de ces mouvements, les théories racialistes. Bernard Barraque note : « Il faut se souvenir en effet que parmi les régionalistes et les planistes (comme Justin Godard ou Louis Marin), plusieurs sont fascinés dans les années trente par une science du milieu et des races, par l'anthropométrie et la biotypologie : c'est l'époque de la montée des projets "d'hommes nouveaux", de l'attirance pour les États forts (car débarrassés du "virus de la politique" comme de la tuberculose)[1]. »

1. BARRAQUE Bernard, « Région, régionalismes et aménagement », *Strates*, 6, 1992, p. 21.

Le PNV basque a ainsi été fondé par Arana dont « l'idéologie est caractérisée par un racisme virulent, qui est dirigé directement contre les immigrants espagnols et célèbre la supériorité basque. Il considérait les Basques comme le peuple élu et promouvait la pureté de la race basque, décourageant les mariages avec les non basques[1]. » C'est aujourd'hui le drapeau qu'il a dessiné, l'*Ikurriña,* qui flotte à Bayonne et Bilbao. Les Catalans ont également été très loin dans la typologisation des races, puisqu'ils sont... celtes. Décidément, de Brest à Barcelone, en passant par Milan, les Brennus ont eu bien des enfants. Ils seraient donc des descendants de Celtes aryens alors que les Castillans auraient des gènes sémitiques et africains[2]. Évidemment, pour ceux qui font des typologies raciales, on devinera ce qui est préférable.

En Corse, le mouvement nationaliste est d'abord embryonnaire. C'est avant tout une mouvance présente dans les élites culturelles. Santu Casanova fonde en 1896 *A Tramuntana*[3]. Il y développe les « thèmes du sang, de la race, de l'instinct ». En 1914, le mouvement

---

1. SCHRIJVER Frans, *Regionalism after regionalization: Spain, France and the United Kingdom*, Amsterdam, Amsterdam University Press, 2006, p. 92.

2. SMITH Angel, MAR-MOLINERO Clare, « The Myths and Realities of Nation Building in the Iberian Peninsula » dans SMITH Angel, MAR-MOLINERO Clare (dir.), *Nationalism and the Nation in the Iberian Peninsula. Competing and Conflicting Identities*, Londres, Routledge, 1996, p. 7-8.

3. PÉTRÉ GRENOUILLEAU Olivier, *Nos petites patries. Identités régionales et État central en France, op. cit.*, p. 205.

se transforme en revendiquant l'autonomie. Dans les années 1920, l'idée d'une rupture avec la France s'épanouit dans le petit milieu nationaliste. Il tend à mystifier l'idée d'une nation vaincue qui aurait prospéré avant la conquête française. L'époque romaine et la brève indépendance vis-à-vis de Gênes sont alors portées en périodes fastes faisant référence. Les nationalistes se rapprochent ainsi de l'Italie mussolinienne. *A Muvra. Bulletin régionaliste de l'île de Corse*, est créé en mai 1920, à Paris. Son fondateur, Petru Rocca, sera déchu de sa Légion d'honneur en 1938 pour avoir comploté contre la nation. La lutte des nationalistes corses est aussi une lutte contre la gauche. Orsini d'Ampugnani accuse le Cartel des Gauches de vouloir remplacer « la tête de Maure par la tête de juif[1] ». En 1935, Santu Casanova se rend en Italie pour une tournée. La revue *A Muvra* prend dès lors une teinte raciste et antisémite et finit par être interdite. Lors des accords de Munich, *A Murva* s'indigne : « Au nom de quelle formule erronée du droit et de la civilisation, invention judéo-maçonnique, verrions-nous assassiner nos enfants pour permettre à 5 millions de Tchèques d'opprimer 7 millions d'Allemands, de Polonais et de Hongrois ?[2] »

En Flandres, le mouvement régionaliste est d'abord le fruit des séminaristes qui apprennent la langue régionale à dessein d'assurer l'évangélisation de leurs ouailles. Ils créent le *Vlaams Verbond van Frankrijk*

1. POMPONI Francis, « Le régionalisme corse dans l'entre-deux-guerres (1919-1939) », *op. cit.*, p. 411.
2. *Ibid.*, p. 414.

dont le principal animateur est Jean-Marie Gantois. Ses thèses sont à la fois irrédentistes (il se considère comme néerlandais) et inspirées par la théorie de Gobineau[1]. En 1936, il publie sous le nom de Arnold Decleen, chez Sorlot, *Le règne de la race.* En 1940, il écrit à Hitler pour demander le rattachement des Flandres au IIIe Reich. « Nous vous transmettons, en même temps que le mémoire ci-joint, le vœu ardent, formé par nous depuis longtemps de nous voir délivrer de la contrainte, pour un peuple et un État auxquels ne nous attache aucun lien de sang ni de quelconque communauté, une source de vigueur bienvenue, mais étouffée. Notre travail appartient à la nouvelle Germanie, notre génération va au peuple allemand, notre confiance et notre amour à vous Adolf Hitler. » Il se désolidarise toutefois d'une partie des régionalistes flamands qui intègrent des unités de combat notamment dans la SS. En 1943 est fondé, avec le soutien des Allemands, l'Institut flamand en vue de promouvoir la culture régionale.

En Bretagne, l'ethnorégionalisme se structure autour du journal *Breiz Atao,* qui se qualifiera lui-même de national-socialiste[2]. Par métonymie, on donne souvent son nom au mouvement breton dans l'entre-deux-guerres. Le journal est créé par Morvan Marchal, également concepteur du *Gwenn ha du,* qui deviendra

1. PÉTRÉ GRENOUILLEAU Olivier, *Nos petites patries. Identités régionales et État central en France, op. cit.*, p. 200.

2. « À Saint-Aubin-du-Cormier, sur la tombe volontairement ignorée », *La Bretagne Fédérale*, 21, 1935, p. 2.

le drapeau des mouvements ethnorégionalistes avant d'être adopté par la région Bretagne. Par ailleurs, le Parti autonomiste breton est fondé en 1927. Il se scinde, en 1931, en Ligue fédéraliste bretonne et Parti national breton. On voit alors l'émergence d'un nationalisme de gauche au sein de la Ligue, marqué par Proudhon et l'anarcho-syndicalisme. Il est toutefois rapidement mis en sommeil. La vraie force dynamique du régionalisme breton est le PNB qui se classe à l'extrême droite. Il se fait connaître par ses actions terroristes, comme à Rennes, le 6 août 1932, où il revendique l'explosion d'un monument commémorant l'union d'Anne de Bretagne et Charles VIII. Le mouvement reprend progressivement la geste fasciste et les idées antisémites. En juin 1940, les dirigeants du parti tentent de négocier avec l'Allemagne la création d'un État breton. Le courant réunit alors entre 1 500 et 6 000 membres. Un journal pro-nazi paraît, *L'Heure bretonne*, jusqu'en juin 1944. Le 18 juillet 1942, suivant la rafle du Vél'd'Hiv, il titre : « À la porte les juifs et les enjuivés. »

L'autonomisme alsacien est un peu différent[1]. Il a, par définition, moins connu l'empreinte maurrassienne. Il se pense plutôt dans l'héritage des revendications statutaires au sein du Reich allemand. L'Alsace-Moselle est en effet terre d'empire, propriété collective des États allemands, dépourvue de vraie

1. Sur ce sujet on se reportera à l'excellent ouvrage d'Alfred Wahl, *Les autonomistes en Alsace 1871-1939*, Paris, Éditions du Château, 2019.

représentation jusqu'en 1911. Le constitutionnalisme alsacien prétend alors à une transformation en *Bundesstaat* comme les autres dans l'Empire, et défend l'usage du français et de l'allemand. L'autonomisme dans l'Empire vise ainsi paradoxalement la normalisation. Conjugué aux frustrations et à la pression de l'Église avec le retour à la France, l'autonomisme alsacien va évoluer. Quand Herriot annonce l'introduction de la laïcité en 1924, les esprits des religieux sont déjà chauffés à blanc. Si Herriot recule rapidement, le sujet des écoles interconfessionnelles reste une pomme de discorde, l'Église catholique refusant que ses élèves se mélangent aux protestants. Au-delà des questions religieuses, l'autonomisme ne met plus en avant le bilinguisme, mais la promotion du dialecte. Si une partie de la tradition alsacienne demeure donc profondément républicaine, une autre partie s'assimile au régionalisme français. C'est ainsi dans le sillage du catholicisme alsacien qu'est fondé l'hebdomadaire *Die Zukunft* en 1925, qui sera le creuset du courant alsacien, avec des financements venus d'Allemagne. Deux ans plus tard est créé un parti autonomiste réclamant une assemblée régionale. En 1931, Joseph Rossé fonde le Jungvolkspartei. Ce groupe mue et devient un appendice du national-socialisme en empruntant au NSDAP son architecture (organisation de jeunesse) et ses idées. Les années 1930 connaissent une multiplication des structures. Hermann Bickler crée le Jungmannschaft sur le modèle des jeunesses hitlériennes ; Friedrich Spieser le Bund Erwin von Steinbach. Les deux mouvements s'intègrent en 1940 aux jeunesses hitlériennes et leurs leaders entrent dans la SS. De son côté le Parti communiste subit des scissions et une branche se rapproche des ethnorégionalistes. Dès 1938, la *Neue Welt*, périodique communiste alsacien, applaudit Munich et se félicite du sort réservé aux Juifs autrichiens avant de demander que tous les Juifs immigrés soient expulsés d'Alsace[1].

Un passé qui ne passe pas

Après la Libération, la situation des mouvements ethnorégionalistes est variable. En Bretagne et en Alsace, où ils ont largement collaboré avec l'occupant, ils sont repoussés dans la marginalité pour quelques décennies. Dans le sud de la France en revanche, ils profitent des politiques mises en place sous l'occupation. « Les groupes folkloriques créés sous Vichy continuent à agrémenter de leur présence fêtes et cérémonies, sans grand changement. Les projets de musées, lancés en 1941, peuvent trouver, comme à Brignoles, leur aboutissement en 1945, alors même que leurs promoteurs ont été des zélateurs de la Révolution nationale. [...] La nouvelle génération issue de la Résistance fonde alors "l'Institut d'études occitanes" et, comme il se doit, réécrit l'histoire héroïque

1. REIMERINGER Bernard, « Un communisme régionaliste ? Le communisme alsacien », GRAS Christian, LIVET Georges (dir.), *Région et régionalisme en France*, Paris, PUF, 1974, p. 390.

du peuple occitan sous la plume de l'ancien maquisard, le jeune Robert Lafont. Le texte qu'il rédige pour l'occasion fixe le légendaire de la gauche occitane en invoquant "le pieux devoir qu'il faut bien rendre à tous ceux qui sont morts pour la liberté des peuples occitans, dans la lointaine guerre des Albigeois, parmi les camisards, en 1937 devant Barcelone et dans les maquis des Cévennes en 1944. Tous parlaient la langue d'oc"[1,2]. » Sous des apparences de régionalisme tranquille, le sud de la France va représenter un centre dynamique de diffusion et surtout de conservation de cette tradition. François Fontan, fondateur en 1959 du Parti de la nation occitane, publie par exemple en 1961 un ouvrage nommé *Ethnisme*[3].

Après-guerre, le mouvement alsacien est marginal. Il renaît dans le MRAL en 1971, qui prend des positions très radicales. Il prône la germanisation de l'Alsace, et témoigne de penchants pro-nazis. Le numéro 26 de sa revue, *Elsa,* argue que la SS n'est pas responsable du massacre d'Oradour-sur-Glane. Le numéro 32 nie l'existence des chambres à gaz. Face à des dérives de plus en plus difficiles à assumer, des militants se détachent et créent en 1975

1. JOUVEAU René, *Histoire du Félibrige*, Nîmes, tomes 3 et 4, 1977-1987, p. 58.
2. GUILLON Jean-Marie, « L'affirmation régionale en Pays d'oc des années quarante », *Ethnologie française*, 33/3, 2003, p. 425-433.
3. FONTAN François, *Ethnisme*, Paris, Z'éditions, 1999 (1961).

les Nouveaux autonomistes et le Front autonomiste de Libération. Ils se veulent plus modérés, acceptant le français dans l'espace public, et exigeant l'autonomie politique. Structurellement, le courant demeure à l'extrême droite avec la domination du parti Alsace d'abord. Celui-ci est fondé par Jacques Cordonnier et Robert Spieler, ancien député du Front national.

Le renouveau du mouvement alsacien et la rupture avec le passé sont le projet d'Unser Land. Le parti, se voulant centriste, est créé en 2009. Cela ne l'empêchait pas jusqu'à récemment de promouvoir sur son site une biographie, *Joseph Rossé, Alsacien interdit de mémoire*, de Michel Krempper[1], livre préfacé par Andrée Munchenbach, la présidente d'Unser Land. Depuis, le parti a quelque peu verrouillé sa communication et il convient de disposer de codes d'accès militants pour accéder à la boutique de son site. Rossé est soupçonné en 1939 d'être un agent de propagande nazi, il est libéré par un commando allemand en 1940 avant d'entrer au service du Reich. Il proclame, en juillet 1940, à Mulhouse : « L'Alsace est maintenant à la place qui a toujours été la sienne. » Dans la même veine et également vendu, en 2020, Bernard Wittmann fait paraître *Karl Roos, un autre Dreyfus alsacien ?*[2] Cela est pour le moins provocant quand l'on sait que Roos fut membre du Landespartei. Exécuté pour espionnage

1. KREMPPER Michel, *Joseph Rossé (1892-1951) – Alsacien interdit de mémoire*, Fouesnant, Yoran Embanner, 2016.
2. WITTMAN Bernard, *Karl Roos, un autre Dreyfus alsacien ?*, Fouesnant, Yoran Embanner, 2020.

par les Français en février 1940, les Allemands lui font de grandes funérailles en 1941. Les autorités du Reich renomment en son honneur la place Kléber à Strasbourg. Devant tant d'ouverture au monde, on souffrirait presque d'hyperventilation.

« On doit à la vérité de dire que la quasi-totalité du mouvement breton organisé politiquement a collaboré d'une façon ou d'une autre pendant la guerre », écrit Michel Nicolas dans un livre pourtant assez laudatif concernant l'*emsav* (ou Mouvement breton). Il ajoute même que « n'ayant jamais été capables de se faire comprendre d'un “peuple breton” qui n'était bien souvent que prétexte à leur mégalomanie, bon nombre d'intellectuels sont disposés à devenir des aventuriers dans la tourmente des situations créées par la guerre et l'occupation allemande[1] ». Pourtant, en matière de mémoire, la Bretagne est un beau champ de bataille. Certains écrivains et historiens comme Ronan Caouissin font après-guerre « surtout, œuvre de propagande et de réhabilitation[2] ». La stratégie rhétorique est alors toujours la même. D'abord, à part quelques cas isolés, les régionalistes n'ont pas collaboré. Ensuite, si les régionalistes ont collaboré c'est à cause de l'État jacobin qui ne leur a pas laissé le

1. NICOLAS Michel, *Histoire du mouvement breton*, Paris, Syros, 1982, p. 92.
2. CARNEY Sébastien, « Le mouvement breton au miroir de son historiographie », *Annales de Bretagne et des Pays de l'Ouest*, 123/2, 2016, p. 83-106.

choix. Enfin, les mouvements nouveaux n'ont rien à voir avec la collaboration, car ils sont nouveaux. Yves Mervin, dans son livre *Joli mois de mai 1944 : la face cachée de la Résistance en Bretagne*[1], explique ainsi que la Résistance a fait plus de mal que les nazis localement pendant la Libération. Les militants nationalistes auraient surtout défendu la population contre les communistes. Quant aux crimes commis, ils seraient liés à une interprétation orientée des archives. Les autres ouvrages de l'auteur valent également la peine qu'on les consulte…

De manière plus générale et, osons-le, plus nuancée, les militants de l'historiographie ethnorégionaliste opposent le Parti autonomiste breton (fréquentable, de gauche) aux indépendantistes du Parti national breton (fasciste). L'historien Sébastien Carney note ainsi : « Dès lors, on voit aujourd'hui se multiplier les études qui tendent à montrer, contre toute vraisemblance, que le mouvement, inspiré par quelques penseurs libertaires ou proches du communisme, serait né à gauche… Dans le même temps, les études concernant l'UDB, qui a récemment fait l'objet d'un colloque, ou encore les FLB-ARB se multiplient et sont le fait de militants ou de sympathisants. Dans ces conditions, la filiation entre le premier et le troisième *emzao* [Mouvement breton, *NdE*] est d'autant plus aisée à établir qu'à l'exception de sa branche catholique, ledit

1. MERVIN Yves, *Joli mois de mai 1944 : la face cachée de la Résistance en Bretagne*, Fouesnant, Yoran Embanner, 2013.

second *emzao* se résume ici à une note de bas de page, et là il est confondu avec l'histoire de la Résistance. Circonscrit dans une chronologie amnésique ou dans les rubriques désarticulées de dictionnaires, il n'existe plus. Il fallait bien tuer le père, à défaut, il fut oublié, peut-être[1]. »

Ainsi est-il permis de se trouver des origines plus respectables. Toutefois, peu de candidats se bousculent au vu du degré d'implication du Mouvement breton dans la collaboration. L'histoire des nouveaux héros va donc aussi faire l'objet d'un refoulement. À *L'Heure bretonne*, le journal antisémite et collaborationniste déjà évoqué, travaille Morvan Lebesque. En 1941, il intègre la revue *Je suis partout* dont le rédacteur en chef est alors le tristement célèbre Robert Brasillach. Il entre au *Canard enchaîné* en 1952 avant de reprendre une carrière militante plus à gauche et de rédiger le bréviaire du courant, *Comment peut-on être Breton ?*[2] L'ouvrage deviendra le canevas du passage à gauche de l'héritage de *Breiz Atao*. Dans son livre en effet, il réadapte le vieux discours d'extrême droite en le mâtinant de l'anticolonialisme qui marque la gauche après 1968. Une impressionnante conversion idéologique. Cela n'a pas empêché Diwan, fondé

1. CARNEY Sébastien, « Le mouvement breton au miroir de son historiographie », *Annales de Bretagne et des Pays de l'Ouest*, 123/2, 2016, p. 83-106.

2. LEBESQUE Morvan, *Comment peut-on être Breton ? Essai sur la démocratie française*, coll. « L'Histoire immédiate », Paris, Le Seuil, 1970.

par Reun L'Hostis, l'un des créateurs de l'Union démocratique bretonne, de nommer l'un de ses établissements à Lorient « Loeiz Herrieu ». Celui-ci fut membre du PNB, condamné à l'indignité nationale en 1945, auteur de nombreux articles antisémites dans *L'Heure Bretonne* durant la guerre[1]. Il faudra que le Conseil régional du Finistère mette la pression sur Diwan pour que soit également débaptisé le Collège Roparz Hémon. Collaborateur du PNB et de *L'Heure Bretonne,* ce dernier dirigeait aussi *Arvor* au ton violemment antisémite[2]. En décembre 1999, l'UDB rend hommage, par un communiqué, à Yann Goulet réfugié en Irlande après la guerre, ancien chef de la sécurité du PNB. Que d'ouverture au monde de la part de la gauche ethnorégionaliste bretonne !

Il est vrai que l'extrême droite n'y fait, par contraste, pas dans la nuance. Il suffisait de consulter en la matière avec une certaine curiosité le site *breizatao.com*, qui reprend le nom de la publication d'extrême droite d'entre-deux-guerres. Plusieurs fois condamné en justice pour incitation à la haine raciale, le site est basé à l'étranger. Aussi il semble difficile à fermer. Son contenu n'est sans doute pas représentatif de toute la communauté des ethnorégionalistes de la droite bretonne. Toutefois, il en apparaît l'un des canaux les plus importants. Le 15 juin 2021, un

1. LE GUENNEC Pierrik, « Diwan, une école qui vient de loin », *La Raison*, 463, 2001.

2. « Diwan priée de débaptiser son collège Roparz-Hémon », *Le Télégramme*, 10 mai 2000.

collectif comprenant Kofi Yamgnane, ancien maire de Saint-Coulitz fait paraître dans *Le Télégramme* une tribune « Nous, Bretons, refusons la différenciation ». Les fauves sont alors lancés contre l'élu d'origine togolaise. Il se voit contraint à une réponse : « Cette tribune a réveillé les quelques démons réactionnaires, voire “fascisants”, que compte la Bretagne. Florilège : “Kofi n'est pas Breton et donc il s'en fout de la Bretagne…” ; “C'est par ingratitude pour la Bretagne que Kofi a écrit une tribune aussi insultante que méprisante…” ; “À propos de Kofi, je propose l'immigration zéro en Bretagne comme en France” ; “Kofi n'est pas Breton et ne le sera jamais, puisqu'il est noir contrairement aux Bretons authentiques qui eux sont blancs…”[1] » On aurait pu s'attendre à ce que la gauche bretonne se lève pour dénoncer une telle instrumentalisation raciste de la cause. *Que nenni* ! En revanche, une tribune paraît dans *Le Peuple breton*, magazine de l'Union démocratique bretonne, grand parti de la gauche régionaliste, pour s'indigner de la tribune de Kofi Yamgnane dans *le Télégramme*. On y parle de cette Bretagne ouverte au monde qui aime la différenciation… Cette ouverture au monde est si grande et irrésistible, qu'en illustration de l'article Kofi Yamgnane est présenté sur une photo devant… un drapeau togolais[2].

1. YAMGNANE Kofi, « Loi 3D : les prises de position racistes ne doivent pas polluer le débat », *Le Vent se Lève*, 25 juillet 2021.
2. LE GAL Alan, « Les soi-disant républicains… », *Le Peuple Breton*, 14 août 2021.

III

Une stratégie de destruction de la souveraineté nationale

« L'expression de l'Europe des régions, non seulement me hérisse, mais constitue à mes yeux, pour ceux qui l'emploient [...] un étrange retour vers un passé largement révolu. Il y a eu déjà l'Europe des régions ; ça s'appelait le Moyen-Âge, ça s'appelait la féodalité[1]. » Ainsi Georges Pompidou jugeait-il l'idée de bâtir une nouvelle Europe fédérale fondée sur les découpages régionaux. Toutefois, l'ethno-régionalisme n'a pas attendu l'Union européenne pour représenter un enjeu géopolitique. L'irrédentisme et la convergence d'intérêts avec les États étrangers ont toujours fait de lui un instrument de déstabilisation et d'ingérence politique.

1. POMPIDOU Georges, *Discours devant les assemblées régionales à Poitiers*, 24 janvier 1974.

Dépecer l'État-nation

L'ethnorégionalisme a toujours représenté un pion dans le jeu diplomatique. Mais la montée en puissance de l'Union européenne a, ces dernières années, conduit ce courant à faire le pari, de manière beaucoup plus affirmée, de l'internationalisation.

Le jeu des puissances

En règle générale, quand l'on parle d'ethnorégionalisme, le public un peu informé sur le sujet regarde d'un œil accusateur l'Allemagne. Celle-ci est réputée avoir organisé le régionalisme français en lien avec les conceptions ethniques qui animent traditionnellement sa propre vision de la nation[1]. C'est, nous le constaterons, en partie vrai. En partie vrai car l'Allemagne n'est pas la seule à avoir joué un rôle extérieur dans la structuration du régionalisme français. Vrai, en partie, car il ne faut sans doute pas voir là une spécificité liée à l'essentialisme culturel allemand. Tous les États, France comprise, ont joué le jeu dangereux de l'ethnorégionalisme chez leurs rivaux pour les affaiblir. La

1. Voir Hillard Pierre, *Minorités et régionalismes dans l'Europe fédérale des Régions : Enquête sur le plan allemand qui va bouleverser l'Europe*, Paris, François-Xavier de Guibert, 5e éd., 2013 ; Bollmann Yvonne, *La Bataille des langues en Europe*, Paris, Éditions Bartillat, 2001.

France napoléonienne soutint les nationalismes irlandais et écossais contre la Grande-Bretagne, jusqu'à créer en 1803, une légion d'Irlande. De son côté la perfide Albion paria pendant la guerre de Cent Ans sur l'irrédentisme breton avant d'offrir quelques siècles plus tard un asile doré au Corse Pascal Paoli, après l'échec de l'éphémère royaume anglo-corse. Si les Allemands ont porté à bout de bras les régionalismes alsacien et breton durant l'entre-deux-guerres, la France a tenté de structurer l'indépendantisme rhénan dans les années 1920. Si l'URSS a également eu les yeux de Chimène pour nos ethnorégionalistes hexagonaux, c'est le sujet des nationalités, dont les militants furent largement soutenus par l'Occident, qui emporta son empire. Déjà, les Romains prétendaient intervenir dans les questions ethniques secouant leurs voisins pour mieux les contrôler. De tout temps, l'ethnorégionalisme est un élément dans l'arsenal des puissances.

L'Allemagne joue un rôle central dans la structuration de l'ethnorégionalisme français, et ce pour trois raisons. La première est que la rivalité franco-allemande correspond à l'époque de façonnement de ces courants en France. La seconde est liée à l'importance de la courroie de transmission alsacienne dans une confusion entretenue entre autonomisme, indépendantisme et irrédentisme. La troisième est l'Occupation, qui va permettre à l'Allemagne d'intervenir de manière directe, et parfois autoritaire, dans la formation de ces mouvements. On l'a notamment déjà observé concernant l'orthographe du néo-breton unifié.

Il ne faut pas attendre l'arrivée des nazis au pouvoir pour voir l'Allemagne jouer un jeu trouble. En 1927, Gustav Stresemann et Aristide Briand reçoivent le prix Nobel pour leur action en faveur de la paix. La même année, Hans-Otto Wagner représente pourtant l'Abwehr, les services de renseignement de l'état-major allemand, au Congrès du Parti autonomiste breton à Rosporden. Debauvais écrit ainsi : « La situation est déjà toute clarifiée, en revenant à la politique de Breiz Atao qui était toute de clarté. Cette politique consistait, au point de vue extérieur, à rechercher l'appui allemand. Nous y avons travaillé avec d'autres, pendant près de vingt ans[1]. » L'Allemagne intervient encore en Alsace en subventionnant les publications régionalistes. C'est notamment le cas des éditions Erwinia qui faisaient paraître le journal *Volksstimme*. *Die Zukunft*, journal phare de l'ethnorégionalisme alsacien d'entre-deux-guerres, est également sous perfusion allemande. Cet argent ne finance pas que la presse, mais aussi les partis et une vraie politique culturelle germanophile dans les départements alsaciens. Les régionalistes font alors des yeux doux à Hitler, et Paul Schall compare les Sudètes à l'Alsace en demandant qu'elle soit rattachée au Reich. Le 20 décembre 1938, Cachin dénonce ainsi l'alliance des ethnorégionalistes et de l'Allemagne nazie dans un discours au Sénat.

1. DEBAUVAIS François, « Camarades de la Formation Perrot », *Breiz Atao*, 337, mai 1944, p. 4.

En Corse, c'est surtout l'Italie fasciste qui joue sa carte et porte sur les fonts baptismaux le mouvement ethnorégionaliste[1]. La famille Ciano possède le *Telegrafo* de Livourne[2]. Dès 1927, paraît une première édition corse du journal qui a pour but de faire la promotion les thèses régionalistes et irrédentistes. L'Italie fasciste accorde des bourses universitaires et accueille Santu Casanova, poète et âme du mouvement nationaliste, dans une retraite toscane.

L'Union soviétique n'est pas en reste, notamment dans l'entre-deux-guerres. L'attitude du Parti communiste vis-à-vis de l'ethnorégionalisme sera en la matière calée sur celle de Moscou. Les organisations ethnorégionalistes entretiendront ainsi une position ambiguë avec le communisme. S'il est vrai que le mouvement autonomiste breton et Breiz Atao usent d'une symbolique rappelant la croix gammée avant-guerre, ils la cachent lorsque le lien avec les nazis devient évident. Ce dernier risque de lui aliéner le soutien potentiel du PC alors que Staline voit en eux une bonne manière de déstabiliser les démocraties occidentales après le pacte de Locarno[3]. L'URSS changeant de pied avec l'arrivée d'Hitler au pouvoir,

1. POLI Jean-Pierre, *Autonomistes corses et irrédentisme fasciste (1920-1939)*, Ajaccio, DCL éditions, 2007.

2. POMPONI Francis, « Le régionalisme corse dans l'entre-deux-guerres (1919-1939), *op. cit*, p. 406.

3. LEBESQUE Morvan, *Comment peut-on être Breton ? Essai sur la démocratie française*, coll. « L'Histoire immédiate », Paris, Le Seuil, p. 162.

l'emblème revient en 1933 sur les cartes d'adhérents du PNB et en couverture de Breiz Atato. En Alsace, jusqu'en 1936, le Parti communiste alsacien s'allie avec les autonomistes, y compris les plus cléricaux. Ils participent à défaire socialistes et radicaux. Entre 1933 et 1936, le Parti fait taire les velléités autonomistes ou séparatistes[1]. Moscou change de stratégie, une France en miettes n'arrangeant guère ses affaires face au nazisme. Dès 1934, une scission se produit au sein du mouvement communiste alsacien entre fidèles à la ligne de Moscou et composante ethnorégionaliste. Il faut comprendre que les principaux leaders communistes sont dans les années 1920 proches de l'Allemagne et assez éloignés de la direction du PCF. Ils ne partagent pas avec lui la même histoire partisane. Par ailleurs, leur base ignore le français, tout autant que les écrits de Jaurès. Les dissidents du PC finissent par fusionner en juillet 1939 avec le Landespartei sous le nom de Elsass-Lothringische Arbeiter und Bauernpartei, d'inspiration nationale-socialiste. Ainsi, Mourer et Hueber, députés communistes ayant soutenu d'abord le Front populaire, finissent à l'extrême droite et par louer Hitler.

Que reste-t-il aujourd'hui de cette ingérence ? Là encore, les yeux ont tendance à se tourner, par habitude, vers Berlin. Certes, le ministère de l'Intérieur

1. REIMERINGER Bernard, « Un communisme régionaliste ? Le communisme alsacien », GRAS Christian, LIVET Georges (dir.), *Région et régionalisme en France*, Paris, PUF, 1974, p. 361-392.

allemand continue à financer l'Union fédéraliste des communautés européennes[1]. L'organisation promeut une Europe des ethnies et a joué, nous y reviendrons, un rôle central dans l'élaboration de la Charte européenne des langues régionales. Celle-ci, créée en 1949 par le Breton Joseph Martray, dont le siège est à Flensburg, dispose cependant d'une influence qui ne doit pas être surestimée. La plupart des partis ethnorégionalistes français n'en sont pas membres. En revanche, ceux-ci puisent assez abondamment dans l'exemple d'une République fédérale perçue comme modèle d'un fédéralisme coopératif. C'est assez absurde, puisque le régime fédéral allemand n'accorde pas de statuts particuliers, encore moins sur base ethnolinguistique. L'Allemagne idéalisée comme alliée et modèle apparaît ainsi comme un regret plus que comme un réel soutien. Andrée Munchenbach, la présidente d'Unser Land, écrit par exemple une lettre en 2014 au président de la République fédérale d'Allemagne : « Monsieur Gauck, nous vous prions de ne pas nous laisser mourir. En tant que représentant du “grand frère” d'outre-Rhin, vous n'avez pas le droit de consentir à la disparition de l'Alsace. Nous attendons de vous que vous vous engagiez pour la protection de l'Alsace[2]. »

1. Site de la Federal Union of European Nationalities, rubrique « Funded by » : fuen.org/en/article/FUNDED-BY

2. ROUSSEAU Noémie, « Unser Land : “C'est sûrement notre dernière chance d'agir pour l'Alsace” », *Libération*, 20 mars 2015, p. 14.

Sans doute se leurre-t-on toutefois en entretenant de vieux réflexes. La première source d'ingérence à considérer est celle, non d'États, mais de régions à volonté irrédentistes. Beaucoup d'instances culturelles catalanes, notamment en France, sont en réalité fondées par le gouvernement catalan en Espagne[1]. Il en va de même pour le Pays basque. Ensuite, alors que les réseaux militants ethnorégionalistes sont singulièrement actifs en ligne, ils sont particulièrement sensibles aux manœuvres d'influence utilisées par des États. Les référendums néo-calédoniens ont ainsi permis d'interroger le jeu de l'Empire du Milieu dans le soutien aux indépendantistes[2]. La fonction stratégique du port de Brest, ou la position frontalière de l'Alsace représentent aujourd'hui également des défis géopolitiques majeurs. Une note de 2018 de la DGSI s'inquiétait des visées chinoises sur la Bretagne. Selon le journaliste Antoine Izambard, qui fait paraître en 2019 un ouvrage sur l'espionnage chinois en France[3], la dissuasion française dont le cœur est basé à Brest, fait l'objet de convoitise. La ville a vu l'ouverture d'un Institut Confucius. La concentration d'écoles

1. TORREIRO Juan, « La résistance identitaire : Alsace, Flandres, Savoie, Occitanie, Catalogne », dans CRETTIEZ Xavier, SOMMIER Isabelle (dir.), *La France Rebelle*, Paris, Michalon, 2006, p. 97-119.

2. CLEMENCEAU François, « Nouvelle-Calédonie : comment la Chine avance ses pions », *Le Journal du Dimanche*, 8 décembre 2021.

3. IZAMBARD Antoine, *France-Chine, les liaisons dangereuses – Espionnage, business… Révélations sur une guerre secrète*, Paris, Stock, 2019, p. 83-89.

militaires et d'un tissu industriel de pointe fait de la Bretagne une cible pour les campagnes de déstabilisation. Sur le site phare de l'ethnorégionalisme breton *Breizh Info*, Yann Vreiz, appelait en 2014 à une « Bretagne autonome rattachée à la Fédération de Russie[1] ». Il s'agit évidemment d'une provocation. Toutefois, l'idée d'échanges commerciaux de plus en plus intenses avec Moscou et Pékin est présentée dans cette littérature comme condition à l'indépendance. En pleine crise ukrainienne, en février 2022, les tweets sur les réseaux sociaux se multiplient assimilant Donbass et Collectivité européenne d'Alsace. De leur côté, les partis ethnorégionalistes ne communient pas non plus toujours dans l'unité nationale. En pleine offensive russe en Ukraine, le rédacteur en chef du *Peuple Breton*, mensuel de l'UDB, dont il est aussi un élu, s'inquiète sur les réseaux sociaux : « Et ouais, Lorient, Brest ou St Nazaire savent ce que veut dire être une cible. Si nous entrons réellement en guerre, les villes militaires seront sans doute les premières concernées... À méditer. L'armée française est en Bretagne sans que nous ayons notre mot à dire. » Le 1er octobre l'association historique « Bretagne réunie » qui milite pour le rattachement de la Loire-Atlantique à la Bretagne, interpelle Emmanuel Macron. Elle lui reproche de condamner l'annexion d'une partie de l'Ukraine à la Russie et de

1. VREIZ Yann, « Une Bretagne autonome rattachée à la Fédération de Russie. Chiche ? », breizh-info.com, 6 septembre 2014.

reconnaître celle de la Bretagne à la France et de la Loire-Atlantique aux Pays de la Loire...

Ces dangers sont d'autant plus importants que les régions se targuent de développer leur propre diplomatie, au moins dans le domaine économique et culturel. Si le jeu des puissances risque de faire encore de l'ethnorégionalisme un facteur d'instabilité, attention à ne pas regarder ce phénomène dans le rétroviseur.

L'Europe des cent drapeaux

L'idée d'une fédération européenne fondée sur la base d'un redécoupage ethnique du continent est ancienne. Elle est déjà conceptualisée et promue dans l'Allemagne bismarckienne[1]. Dans les années 1920, le PNB s'inscrit dans un fédéralisme européen des petites nations[2]. Richard de Coudenhove-Kalergi, héraut du fédéralisme, écrit alors souvent dans *Breiz Atao*[3]. Cette pensée fait l'objet d'une théorisation durant la période nazie par Otto Strasser, un nazi en rupture de ban[4]. Il systématise l'idée d'une recons-

1. NURDIN Jean, *L'idée d'Europe dans la pensée allemande à l'époque bismarckienne*, Berne, Peter Lang SA, 1980.

2. Voir notamment MORDREL Olivier, « La tournée de conférences bretonne », *Breiz Atao* 76, 1925, p. 551.

3. CARNEY Sébastien, « Les nationalistes bretons face aux projets européens, des années 1920 aux années 2000 : une stratégie de l'étau ? », *Histoire, économie & société*, 3, 2021, p. 41.

4. MOREAU Patrick, « "Socialisme" national contre hitlérisme : Le Cas Otto Strasser », *Revue d'Allemagne*, 16/3, 1984, p. 485-498.

truction à la fois fédérale, ethnique et socialiste de l'Europe. Ces textes exerceront une influence importante sur la doctrine ethnorégionaliste comme sur les mouvements nationaux-révolutionnaires. Le Flamand Jean-Marie Gantois, à la fin de sa vie, devient ainsi un Européen convaincu considérant que c'est par la disparition des frontières étatique que naîtra la grande Flandre. Le fédéralisme européen est par ailleurs l'occasion de mettre en avant cet esprit d'ouverture au monde réputé caractériser l'ethnorégionalisme d'après-guerre[1]. Dans une situation géopolitique où il ne semble guère y avoir de place pour de petits États réellement souverains, l'Europe permet de goûter l'indépendance sans en assumer les risques. Ceux qui prônaient l'Europe allemande au nom de la race, défendent à présent l'Europe des ethnies en vertu de l'amour entre les peuples. Condamné à la Libération avant d'être acquitté en 1955, réfugié en Irlande entre-temps, fondateur du quotidien collaborationniste et antisémite *La Bretagne*, Yann Fouéré est le meilleur symbole de ce passage. Il sera l'un des créateurs en 1957 du Mouvement pour l'organisation de la Bretagne qui enfantera par scission en 1964 l'Union démocratique bretonne. C'est aussi lui qui popularisera le mieux la notion d'« Europe des

1. BREKLIEN Yann, *Histoire européenne de l'Europe*, Paris, Enseignement et perfectionnement techniques, 1965 ; HÉRAUD Guy, *L'Europe des ethnies*, Paris, Presses d'Europe, 1963, SÉRANT Paul, *La France des minorités*, Paris, Laffont, 1969 ; MARC Alexandre, *À hauteur d'homme, La Révolution fédéraliste,* Paris, Éditions Je Sers, 1948.

régions » en écrivant, en 1960, un ouvrage, *L'Europe des cent drapeaux*[1].

Au tournant des années 1960, l'Europe des cent drapeaux est reprise par une nouvelle génération. Le Suisse Denis de Rougemont entame une œuvre importante de synthèse et de promotion du fédéralisme européen autour de l'idée d'Europe des régions. Ces dernières doivent être découpées sur des bases ethniques[2]. En France, Guy Héraud joue également un rôle majeur. Candidat malheureux à la présidentielle de 1974, il est plus chanceux comme théoricien que comme politique. L'Europe des régions qu'il appelle de ses vœux est susceptible de prendre trois formes : de la plus à la moins désirable. Il les synthétise dans un article intitulé : « Le fédéralisme ethnique[3]. » Le premier est un fédéralisme fondé sur des régions multiethniques voulues et pensées par les États-nations. La cohabitation d'ethnies risque d'entraîner des conflits et cette option est donc à rejeter. La seconde est un fédéralisme appuyé sur de nouvelles régions élaborées sur des bases ethniques. Les ethnies les plus nombreuses seraient séparées en plusieurs régions pour éviter qu'elles n'exercent trop d'influence. C'est la solution la plus probable. La

1. FOUÉRÉ Yann, *L'Europe des cent drapeaux*, Paris, Presses d'Europe, 1968.
2. DE ROUGEMONT Denis, *L'avenir est notre affaire*, Paris, Stock, 1977, p. 292.
3. HÉRAUD Guy, « Le fédéralisme ethnique », *Europa ethnica*, 1963, p. 146-158.

troisième, qu'il présente comme la plus souhaitable, est celle d'une fédération, non des régions, mais des ethnies. Elle romprait le lien entre pouvoir public territorial et appartenance ethnique.

Guy Héraud joue un rôle d'interface important. Il est en effet très impliqué dans les réseaux de la revue *Europa ethnica*. À partir de 1949, cette dernière prend la suite de manière assumée, en continuant la numérotation, de la revue *Nation und Staat*, laquelle fut interdite après la guerre, car ouvertement pronazie, de même que le Nationalitäten Kongresse dont elle était l'émanation. *Europa ethnica* représente un important lieu de recherche et d'échange des intellectuels ethnorégionalistes d'après-guerre. Guy Héraud est également proche de Yann Fouéré et Alain de Benoist, qui incluent son idée d'Europe des régions au cœur du programme de la nouvelle droite[1]. En même temps, premier candidat régionaliste à la présidentielle, il est un inspirateur pour le régionalisme qui tente d'inscrire sa stratégie à gauche, notamment l'Union démocratique bretonne. Il écrit ainsi dans *Le Peuple breton*[2]. Il fonde, en 1971, le Parti fédéraliste européen avec Bernard Wittmann que nous avons déjà rencontré.

Aujourd'hui, les plus importants partis régionalistes français sont membres d'un regroupement nommé Régions et peuples solidaires. On y trouve

1. DARD Olivier, « Guy Héraud et "l'Europe des ethnies" », *Histoire, économie & société*, 3, 2021, p. 31-32.
2. HÉRAUD Guy, « Nouvelle définition de l'Europe », *Le Peuple breton*, 5, 1964, p. 1-4.

Unser Land, l'Union démocratique bretonne, Femu a Corsica (le parti de Gilles Simeoni), le Parti occitan, Abertzaleen batasuna, ou le Parti nationaliste basque[1]. L'article premier de sa Charte dispose que son objectif est de « combattre le centralisme parisien et celui de l'Europe des États ». Son article 10 exige de « promouvoir en France et en Europe le fédéralisme à base régionale ou communautaire selon les principes d'autonomie, de coopération et de solidarité » et son article 11 de « permettre aux peuples divisés par des frontières interétatiques, héritages des guerres, de se réunir à la faveur du processus d'unification de l'Europe[2] ». Au niveau européen, à la fois le groupement et certains partis membres[3], appartiennent à l'Alliance libre européenne. Cette dernière prône, explicitement, une Europe des ethnies, selon le découpage suivant. Une version de cette carte illustre un article au *Peuple breton* du député ex-LREM Paul Molac. Il y appelle à « dépasser l'État-nation[4] ».

1. Mais aussi Gauche républicaine de Catalogne, Oui au Pays Catalan, le Parti de la nation corse, Le Parti des Mosellans, Eusko alkartasuna, Mouvement région Savoie et le Congrès mondial amazigh.
2. Charte de Régions et Peuples Solidaires, *federation-rps.org*.
3. Unser Land, Union démocratique bretonne, Femu a Corsica, Parti de la nation corse, Parti occitan, Unitat Catalana, Mouvement Région Savoie.
4. MOLAC Paul, « Il faut dépasser le cadre des États-Nations », *Le Peuple Breton*, 11 janvier 2018.

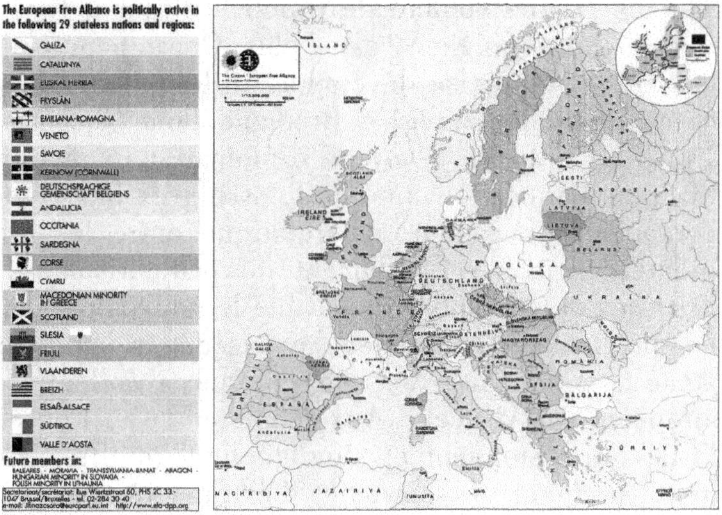

Carte des minorités linguistiques et ethniques / DR.

Il faut aussi noter une porosité entre mouvements fédéralistes européens et mouvance ethnorégionaliste de la société civile. Par exemple, en Bretagne, Kevin Djez, vice-président de À la Bretonne, groupement pro-rattachement de la Loire-Atlantique très actif à Nantes, est membre de l'Union des fédéralistes européens. Stéphane Péan, président du think tank Breizh Civic Lab, s'engage dans Volt Bretagne lors des régionales 2021, un parti fédéraliste paneuropéen alors allié à LREM.

Le phénomène ne reste pas cantonné aux seuls groupes ethnorégionalistes. Certes, la Corse, où depuis leur prise du pouvoir les nationalistes ont manifesté leur solidarité avec les indépendantistes catalans et une volonté de traiter « d'État à État » avec les autres régions, est à part. On voit toutefois de telles velléités se développer ailleurs. En 2020, le président de la région Bretagne Loïg Chesnais-Girard se rend en « voyage diplomatique » à Cardiff, puis l'année suivante en Écosse avec la volonté d'organiser un sommet interceltique entre les différentes régions se réclamant du panceltisme. En 2019, les élus locaux exigent que le nouveau département alsacien ne se nomme pas département, ni même simplement « Alsace », mais « Collectivité européenne d'Alsace ». Aux sénateurs et au Conseil d'État qui s'étonnent et s'indignent d'un titre saugrenu, donnant un sentiment d'extraterritorialité, la ministre Jacqueline Gourault répond que cela fait justement partie du paquet négocié[1]. Revenir sur cet élément identitaire fortement symbolique, bien que sans conséquence sur les politiques publiques, suffirait donc à remettre en cause l'accord avec les élus locaux. En 2005, les élus basques des deux côtés de la frontière se réunissent en « Assemblée nationale » basque, formation composée d'élus municipaux et censée représenter le Pays basque unifié, pour adopter le Traité constitutionnel européen. Si l'assemblée de 2005 était temporaire, il existe bien une structure permanente du Pays basque fédéré, l'Udalbiltza unissant les élus volontaires. Elle avait cependant été interdite par la justice espagnole en

1. *Journal officiel des débats*, année 2019, n° 31 S. (C. R.), 3 avril 2019, p. 3879.

2003. Vingt de ses membres étaient présumés être en lien avec ETA... Le projet est toutefois relancé depuis 2013.

On peut évidemment prétendre que ces mouvements ne sont pas un danger pour l'unité nationale et qu'ils ne prônent pas un dépeçage des États. On peut expliquer que leur attachement aux petites patries n'est qu'une façon d'aimer la grande... On peut. On peut aussi simplement les écouter car, après tout, ils ne cachent en rien leurs projets. Ils sont surtout plus cohérents et sincères que ceux qui les soutiennent depuis les beaux quartiers parisiens.

Les idiots utiles de l'ethnorégionalisme

L'ethnorégionalisme veut donc nous amener vers une nouvelle Europe fédérale des ethnies. Traditionnellement, on s'attendrait en conséquence à ce que les pro-européens représentent des soutiens enthousiastes de ces mouvements, quand les souverainistes s'y opposeraient farouchement. Or, c'est aujourd'hui une drôle de lutte à fronts renversés à laquelle nous assistons. Les pro-européens ont compris que l'extrémisme de tels alliés pouvait s'avérer gênant. Il est susceptible de leur aliéner à la fois la confiance des électeurs et, accessoirement, l'appui des États qu'il s'agirait de réduire en charpie. De l'autre, les souverainistes semblent pris dans une cocasse psychose collective, se gargarisant de mots, idées reçues et raccourcis historiques, entretenant avec l'ethnorégionalisme une relation sentimentale à sens unique, qui rappelle celle de la mante religieuse.

L'Europe prise à son propre piège

On prête assez facilement à l'Europe, que l'on peut entendre ici à la fois comme l'Union européenne, mais aussi comme le Conseil de l'Europe, de viles intentions. Dans les cénacles strasbourgeois et bruxellois aurait été décrété le démantèlement des États. C'est tout sauf évident. Bien entendu, il existe des idéologues au cœur de la machine européenne qui jugent que réduire les États en pièces est la condition *sine qua non* du fédéralisme. Toutefois, l'Europe fut surtout un ventre mou où l'entrisme ethnorégionaliste a permis d'imposer aux nations des normes dont elles n'ont, comme bien souvent, pas mesuré la portée.

Au Conseil de l'Europe, la Charte de l'autonomie locale et surtout la Charte des langues régionales et minoritaires représentent leurs victoires majeures. Cette dernière mériterait, à elle seule, un ouvrage. On se reportera sur ce sujet notamment à ceux que lui ont consacré Charles Saint-Prot[1], Yvonne Bollmann[2]

1. SAINT-PROT Charles, *L'État-nation face à l'Europe des tribus*, Paris, Éditions du Cerf, coll. « Idées », 2017.

2. BOLLMANN Yvonne, *La Bataille des langues en Europe*, Paris, Éditions Bartillat, 2001.

ou au chapitre qu'y dédie Pierre Hillard[1]. À travers le European Centre for Minorities Issues, la Charte fut principalement influencée par la Föderalistische Union Europaïscher Volksgruppen (FUEV). Celle-ci, déjà évoquée, est financée par le ministère de l'Intérieur allemand, des Länder et des fondations privées allemandes. Elle garde des liens avec des partis et collaborateurs fascisants[2]. Cela ne l'empêche pas de devenir, en 1989, une organisation non gouvernementale au statut consultatif au Conseil de l'Europe, et de participer, à ce titre, très activement à ses travaux. On trouve également à l'origine de la Charte européenne des langues régionales, des propositions de textes avancées par des mouvements ethnorégionalistes. C'est notamment le cas de l'Association internationale pour la défense des langues et des cultures menacées ou l'Internationale Institut für Nationalitätenrecht und Regionalismus. Les projets en question vont servir de base de rédaction et de réflexion. Le texte même de la charte doit beaucoup aux juristes et politistes de l'Université d'Innsbruck[3]. Son histoire et sa position géographique, à la frontière austro-italienne,

1. HILLARD Pierre, *Minorités et régionalismes dans l'Europe fédérale des Régions : Enquête sur le plan allemand qui va bouleverser l'Europe*, Paris, Francois-Xavier de Guibert, 5e éd., 2013, p. 253-301.

2. VON GOLDENBACH Walter, MINOW Hans-Rüdiger, *D'une guerre à l'autre. La politique extérieure allemande et le morcellement ethnique de l'Europe*, Paris, François-Xavier de Guibert, 2002.

3. PAN Christoph, « Volksgruppenschutz in Europa : Innsbrucks Beitrag », *Europa ethnica* 46, Vienne, Braumüller, 1996, p. 131.

en ont fait un lieu central de la pensée sur l'Europe des régions. Christoph Pan, Felix Ermacora, Hans R. Klecatsky et Ferdinand Kopp sont ainsi les auteurs de nombreux documents préparatoires et propositions qui conduiront ensuite à la charte. Le fond du texte, et parfois même sa forme, est le fruit d'un intense activisme auprès d'eux des fédérations ethnorégionalistes favorables à une Europe des ethnies[1]. La chose est assumée et même vantée dans la revue *Europe ethnica* qui en représente le support de dialogue. En cela, le lobbying mené sera parfaitement transparent et même glorifié.

La France et sa vision universaliste sont clairement visées par ces groupes. Dans un rapport de l'European Centre for Minorities Issues, elle est ainsi assimilée à la Biélorussie de Loukachenko[2]. La grande naïveté des élites françaises qui accueillent, pour une part d'entre elles, ce texte avec enthousiasme laisse pantois. En effet, derrière les langues, c'est bien entendu de découpage ethnique de l'Europe dont il est question. En 1993, Jean-Marie Woehrling, expert consultant auprès du Conseil de l'Europe pour le statut des langues et la coopération transfrontalière le reconnaît : « Une telle présentation est plus acceptable

1. Voir notamment le redécoupage européen proposé par Christoph Pan et Beate Sibylle Pfeil, dans PAN Christoph, « Volksgruppenschutz in Europa : Innsbrucks Beitrag », *op. cit.*

2. MALLOY Tove H., *Dialogue with the Unwilling: Addressing Minority Rights in So-called Denial States*, ECMI Publications Database, 77, 2014.

par les États qu'une affirmation directe des droits des minorités nationales. On ne peut certes protéger des langues sans prendre aussi des mesures en faveur des locuteurs de ces langues, mais celles-ci sont instituées comme la conséquence de la protection des langues, et non comme l'expression de droits particuliers des minorités ethniques[1]. » La Charte reconnaît ainsi des droits collectifs à des groupes ethniques. C'est d'ailleurs ce qui conduira à sa censure par le Conseil constitutionnel[2]. Le principe de base, fondamental depuis la Révolution, selon lequel le peuple français ne peut être divisé en groupes disposant de droits particuliers aurait dû entraîner l'abandon de la charte. Il apparaît impossible à tout républicain de défendre ce texte. *Que nenni*, François Hollande tentera à nouveau de faire adopter le projet porté par la garde des Sceaux Christiane Taubira en 2015. Durant la campagne de 2017, Emmanuel Macron en fera également la promesse avant de sagement l'oublier.

Les arguments apportés pour appuyer cette ratification sont spécieux et contradictoires. Devant la crainte de certains que celle-ci conduise à donner des droits

1. « Land und Sproch », *Les cahiers du bilinguisme*, 106, 1993, cité par BOLLMANN Yvonne, *La Bataille des langues en Europe*, Paris, Éditions Bartillat, 2001, p. 58-59.

2. Le Conseil en 1999 avait considéré « que ces principes fondamentaux s'opposent à ce que soient reconnus des droits collectifs à quelque groupe que ce soit, défini par une communauté d'origine, de culture, de langue ou de croyance. » Décision n° 99-412 DC du 15 juin 1999, Charte européenne des langues régionales ou minoritaires, considérant 6.

linguistiques à des populations allogènes (issues de l'immigration), les promoteurs de la charte jurent qu'il n'en est rien. Cela signifie donc que les soutiens, soi-disant de gauche universaliste, de la charte, acceptent non seulement de reconnaître des groupes, mais de les hiérarchiser. Par ailleurs, comme dans cette affaire les gouvernements n'en sont pas à une contradiction près, ils s'appuient encore sur une déclaration interprétative déposée par Paris. La France a certes émis des réserves sur la Charte. Elle considère que celle-ci ne peut que servir à promouvoir le patrimoine linguistique, et non à accorder des droits collectifs à des locuteurs. Cela serait contraire au principe d'égalité, à celui d'indivisibilité et à l'ensemble de notre tradition constitutionnelle. Toutefois, ces réserves sont juridiquement inopérantes puisque l'article 7, paragraphe 1 de la Charte faisant référence à des groupes n'est pas susceptible de réserves. Ces dernières sont en effet prohibées par l'article 21 de la même Charte qui ne les autorise que pour les paragraphes 2 à 5 de l'article 7. Il est ainsi convenu que ces réserves n'auraient aucun poids devant la CEDH. C'est ce que constate le Conseil d'État, et qui pousse le Sénat à rejeter le texte[1].

Ceux qui préconisent la ratification de la Charte défendent donc une communautarisation de la société, à dessein ou par bêtise. Comment peut-on d'un côté

1. BAS Philippe, *Rapport 52 sur le projet de loi constitutionnelle autorisant la ratification de la Charte européenne des langues régionales ou minoritaires, fait au nom de la commission des lois du Sénat*, 2015.

vouloir combattre le séparatisme et de l'autre ratifier la Charte ? Au-delà de l'opportunisme de certains hommes politiques prônant la ratification du texte sans, sans doute, l'avoir lu, cet activisme en dit en réalité énormément sur la vision de la société promue.

L'Union européenne a par ailleurs été très sujette à l'entrisme des groupes ethnorégionalistes. Beaucoup de régions ont ouvert des représentations à Bruxelles et se sont comportées en véritables lobbies. Toutefois, c'est surtout dans certains courants au sein du Parlement que se structurent ces initiatives. En 1984, le groupe socialiste au Parlement européen crée le European Bureau for lesser used language. Ce dernier organisait notamment des voyages d'études visant principalement les acteurs administratifs, culturels et éducatifs afin de permettre des échanges de contacts et de méthodes entre autonomistes (cadres politiques ou linguistiques). Son important financement européen est toutefois suspendu par la CJUE dans un arrêt du 12 mai 1998, car apparaissant sans fondement juridique. Ce sont ensuite les structures mêmes de l'Union qui se sont avérées favorables aux régions, et, par ricochet, parfois, à l'ethnorégionalisme. Ces partis ne furent pas les destinataires directs de ces politiques, qui n'avaient souvent d'objectif que de mieux calibrer l'action européenne. Toutefois, ils ont su les mettre en avant pour montrer que l'État avait fait son temps et que l'avenir était à un rapport désintermédié avec Bruxelles.

Il est aujourd'hui possible d'affirmer que la construction européenne a ainsi, nonobstant ses intentions, stimulé le régionalisme[1]. Mais qui est responsable de cette situation. Il faut reconnaître que l'Union a tenté non d'effacer, mais de contourner les États qui lui semblaient être des freins à l'intégration. C'est un point d'ailleurs assumé, et clairement identifié dans la littérature scientifique[2]. Chaque avancée de l'Europe a dès lors conduit à renforcer la considération par cette dernière de l'échelon régional[3]. C'est aussi l'objectif de la création à partir de 1994 du Comité européen des régions. L'article 8 du protocole 2 du Traité de Lisbonne ouvre aux collectivités et au Comité des régions la saisie de la CJUE pour manquement à la subsidiarité. Si l'effectivité de l'article est limitée, il peut être interprété par certains exégètes comme un droit garanti à l'autonomie pour les communautés régionales. De même, le Fonds

1. PETIT Yves, « L'intégration de l'Union européenne : facteur de fragmentation nationale ? », *Civitas Europa*, 38/1, 2017, p. 411-430 ; TÉTART Frank, *Nationalismes régionaux. Un défi pour l'Europe*, Paris, De Boeck, 2009 ; TÉTART Frank, « Les nationalismes "régionaux" en Europe, facteur de fragmentation spatiale ? », *L'Espace Politique*, 2, 2010 ; CARNEY Sébastien, DARD Olivier, « Introduction », *Histoire, économie & société*, 3, 2021, p. 4-8.

2. DREVET Jean-François, *Histoire de la politique régionale de l'Union européenne*, Paris, Belin, 2008 ; INGEBORG Tömmel, « Transformation of Governance : The European Commission's Strategy for Creating a Europe of the Regions », *Regional and Federal Studies*, 8/2, 1998, p. 52-80.

3. JEFFERY Charlie (dir.), *The Regional Dimension of the European Union. Toward a third level in Europe ?*, Londres, Franck Cass, 1997.

européen de développement régional (FEDER) représente des ressources importantes et permet de penser un financement direct, sans passer par les États, et donc une autonomie possible[1]. Confier la gestion du fonds à l'Alsace en 2003, puis à toutes les régions en 2012 était une manière de souffler sur les braises. Enfin, la volonté de stimuler les échanges a conduit à renforcer les politiques transfrontalières. C'est le principe au cœur des eurorégions. Là encore, cependant, l'Europe a obéi aux États. Le traité d'Aix-la-Chapelle de 2019, qui pousse par exemple le plus loin cette logique, est un traité bilatéral entre la France et l'Allemagne. On peut reprocher à l'Europe beaucoup, mais la fusion des régions, la multiplication de collectivités à statuts particuliers et à ressorts identitaires sont uniquement le fruit de l'imagination destructrice de nos élites tricolores. En la matière, la théorie du complot relève d'une vision optimiste de l'humanité tant les grands plans ne sont rien en comparaison de la bêtise et de calculs électoraux à courte vue.

À terme, cette montée en puissance ne peut mener qu'à une concurrence directe entre échelons national et régional au niveau européen[2]. C'est ce qui s'est produit,

1. Leydier Gilles, « Renouveau identitaire, critiques de la "britannicité" et instrumentalisation de l'intégration européenne : le nationalisme écossais et le Scottish National Party », *Histoire, économie & société*, 3, 2021, p. 57.

2. Hooghe Liesbet, Marks Gary (dir.), *Multi-level Governance and European Integration*, Boulder, Rowman & Littlefield, 2001.

conduisant certains États à s'inquiéter d'une telle évolution et à tenter de l'enrayer. L'Union s'avérera ainsi intransigeante vis-à-vis des tentatives séparatistes catalanes, ce qui lui attira l'ire des ethnorégionalistes français[1]. Son attitude s'explique par un triple constat.

En premier lieu, la montée de l'ethnorégionalisme rend certains États de plus en plus frileux face à ce processus d'intégration qui semble entraîner leur désagrégation, tant l'Europe des régions semble devenue pour eux un instrument de fragilisation interne. En Écosse ou en Catalogne, les indépendantistes ont fait campagne pour un État souverain dans le cadre de l'Union européenne. En 2010, à l'apogée de la crise de décomposition belge, le nationaliste flamand Bart De Wever fait campagne devant un drapeau européen géant où une étoile est transformée en lion des Flandres. Cette utilisation de la rhétorique européenne par les ethnorégionalistes s'est retournée contre l'Union. Les États ont été animés par un réflexe bien légitime de survie. Londres et Madrid ont notamment rappelé lors du référendum écossais de 2014 que l'entrée d'un nouvel État dans l'Union devait recevoir l'aval des États membres. La Commission européenne a été contrainte de leur donner raison. L'indépendance de la Bretagne ou de la Corse impliquerait donc dans un premier temps leur mise à la porte de l'Union européenne, et le début d'un

1. LEBAHY Yves, « La crise catalane, révélatrice des errements européens », *Le Peuple breton*, 646, 2017, p. 12-13.

processus d'adhésion. Chaque État membre disposerait, finalement, d'un véto concernant le traité d'intégration. Pour des régions qui se voulaient une nouvelle étoile du drapeau, cela jette un froid.

Ensuite, l'ethnorégionalisme fragilise la stabilité politique des États[1]. La difficulté à bâtir des coalitions, en Espagne, en Belgique ou au Royaume-Uni, doit beaucoup au renforcement des partis ethnorégionalistes. C'est la montée en puissance du Scottish National Party qui a le plus profondément brisé le bipartisme à Westminster. Cela a mis Theresa May, en plein Brexit, dans la main d'un micro-parti nord-irlandais, le Democratic Unionist Party, emportant sa chute. Le Parlement espagnol compte aujourd'hui pas moins de douze formations ethnorégionalistes représentées[2]. Des États instables incarnent des partenaires peu fiables pour les autres États. Ils ne peuvent pas non plus aisément s'engager à des réformes ou à des changements de traités.

Enfin, à force de s'en réclamer pour détruire l'unité nationale, l'ethnorégionalisme rend haïssable l'Union européenne au reste de l'opinion. Le référendum

1. MOREL Benjamin, « Décentralisation asymétrique et stabilité des États », *Revue Française de droit constitutionnel*, n° 122, 2022, p. 837-860.

2. Gauche républicaine de Catalogne-Sobiranistes, Gauche républicaine du Pays valencien, Més Compromís, Junts per Catalunya-Junts, Parti nationaliste basque, Euskal Herria Bildu, Candidature d'unité populaire, Coalition canarienne-Nouvelles Canaries, Bloc nationaliste galicien-Nós, Navarra Suma, Parti régionaliste de Cantabrie, Teruel Existe.

écossais de 2014 a ainsi représenté un carburant important pour le UKIP. Si le Scottish National Party s'est résolument positionné contre le Brexit, il n'est pas exagéré de dire qu'il en est indirectement responsable. De même, la montée de Vox en Espagne s'explique en très grande partie par la crise catalane[1]. À chaque fois que les ethnorégionalistes brandissent le drapeau européen, ils le rendent un peu plus haïssable au reste de l'électorat. Ça, l'Union européenne l'a bien compris, de même que beaucoup de ses partisans, qui préfèrent s'éloigner d'alliés si encombrants.

Le drôle de jeu des souverainistes français

« L'amour, c'est donner ce qu'on n'a pas à quelqu'un qui n'en veut pas. » Jamais la célèbre citation de Jacques Lacan ne s'est aussi bien prêtée à une histoire d'amour qu'à celle entre une partie croissante des souverainistes et l'ethnorégionalisme. Avouons que cet entichement est pour le moins croquignolesque. Le phénomène est toutefois intéressant à deux titres. Les réseaux traditionnellement souverainistes constituent en effet aujourd'hui des véhicules importants de l'ethnorégionalisme. Par ailleurs, l'évolution du courant est assez représentative d'une démarche intellectuelle

1. BARRIO Astrid, *Vox, la fin de l'exception espagnole*, note pour la Fondation pour l'innovation politique, 2019.

conduisant à considérer que l'ethnorégionalisme est cet objet immaculé porteur de paix et d'amour. Pour les ethnorégionalistes ce lieu commun passe par l'idée d'une ouverture au monde à travers la communion des peuples débarrassés des États. C'est une vision qu'ils partagent, on l'a vu, avec les plus fervents partisans de l'intégration européenne. La frange du souverainisme acquise à l'ethnorégionalisme a évidemment construit un récit différent. L'Europe broie les identités. Les cultures régionales deviennent alors un instrument de résistance à ceux qui sont nés « nulle part ». L'amour de la petite patrie amène à celui de la grande. Les technocrates sans cœur de Bercy et Bruxelles sont de communs ennemis… Ainsi les souverainistes en viennent-ils à reprendre les idées et la rhétorique de groupes n'ayant à l'esprit que la disparition de l'État-nation. On constate alors un paradoxe. Si l'on met de côté Europe Écologie-Les Verts, l'espace souverainiste français est aujourd'hui le vecteur le plus audible des partisans d'une Europe des régions.

Historiquement, le souverainisme français fut essentiellement le fait de deux familles politiques, le gaullisme et la première gauche. Celles-ci, marquées par l'importance de l'État, de l'universalisme républicain et par le souci de l'unité nationale, ont toujours été assez imperméables à l'ethnorégionalisme. Concernant la première gauche, il convient de noter jadis quelques hésitations au Parti communiste, lorsque par opportunisme et suivisme vis-à-vis de Moscou, la main fut tendue dans certaines régions. Il faut, toutefois, se souvenir de Jean-Pierre Chevènement démissionnant pour contester le projet d'un nouveau statut de la Corse. On peut se remémorer Jean-Luc Mélenchon s'opposant en 2008 à l'inscription des langues régionales avant le français dans la Constitution. Cette évidence est visiblement moins de mise depuis qu'il a reçu dans son bureau Jean-Guy Talamoni[1], pourtant proche de la droite radicale selon d'anciens cadres du FLNC[2]. À droite, le gaullisme s'est également avéré assez opposé aux ethnorégionalismes ; lors de l'élaboration du projet de loi constitutionnelle de 1969, alors que la première version prévoit une référence aux régions, le Général s'offusque. Pour lui, seule la France dispose d'un territoire. La mention est ainsi supprimée[3]. Son successeur, Georges Pompidou, se montre même encore plus frontal. Il soutient même de manière violente : « Il n'y a pas de place pour la langue bretonne dans une Europe que la France est appelée à marquer de son sceau[4]. » De même, Philippe Séguin s'avérera un ardent centralisateur, déclarant que : « L'État et la commune constituent bien ensemble l'armature de notre République, de même

1. MÉLENCHON Jean-Luc, « La Corse, Macron, la République », *L'Ère du Peuple, le blog de Jean-Luc Mélenchon*, 13 février 2018.

2. BOSSHARD Antoine, « Jean-Guy Talamoni, négociateur à la manière corse », *Le Temps*, 13 août 2000 ; voir aussi ROSSI Jean-Michel, SANTONI François, *Pour solde de tout compte*, Denoël, 2000, p. 116-117.

3. TEYSSIER Arnaud, « De Gaulle 1969, l'autre révolution », Paris, Perrin, 2019.

4. POMPIDOU Georges, Discours à Sarre-Union, 1972.

qu'ils sont le champ privilégié de la démocratie. Je l'ai constaté souvent : il existe une opinion publique communale, une opinion publique nationale. Il n'en existe pas ailleurs[1]. » Mais que reste-t-il aujourd'hui de la première gauche et du gaullisme ?

La formulation d'un discours souverainiste ethno-régionaliste au niveau national repose sur plusieurs mésinterprétations communes. La première est une confusion entre ethnorégionalisme et petites patries, en se revendiquant de Simone Weil. On a déjà montré combien cette idée était spécieuse. En soutenant la loi Molac, favorisant un néo-breton militant, jamais réellement pratiqué, dans des terres parlant jadis gallo, on participe à l'instrumentalisation de la langue contre la nation et les petites patries. L'argument est ensuite que la passion du local n'est qu'une manière charnelle d'aimer la France. La suppression des drapeaux français à la collectivité européenne de Corse, jusqu'à imposer, le 5 janvier 2021, une photo à la ministre Jacqueline Gourault sans référence tricolore, devrait donner à penser. La consultation de la charte de Régions et peuples solidaires, devrait, au mieux, refroidir. Comment se dire souverainiste et soutenir des groupes demandant la création d'une Europe fédérale des régions ?

Le souverainisme pro-ethnorégionalisme s'appuie ensuite sur une tradition historique qu'il nomme le

1. Cité par TEYSSIER Arnaud, *Philippe Séguin, le Remords de la droite*, Paris, Perrin, 2017, p. 145.

girondisme. Ce dernier incarne la lutte du peuple sûr de son identité contre les élites voulant la lui imposer. Or l'Europe d'aujourd'hui représente, à l'instar de l'État, ce monstre unificateur. Or cette lecture de la Révolution française ne repose absolument sur rien. Cela n'entraîne pas de débats entre historiens, car là-dessus les archives sont claires. Il n'y a là que le produit de l'idéologie et des lieux communs.

L'ethnorégionalisme n'est pas un héritage des luttes de la Révolution. D'abord, il convient de sortir de la dichotomie Jacobins-Girondins, qui n'est pas pertinente sur les sujets territoriaux, contrairement à son usage politicien. D'abord, les Girondins n'étaient en rien fédéralistes[1]. Avant eux, la fête de la Fédération n'est pas non plus une ode au fédéralisme, le Royaume étant, avant la République, constitutionnellement qualifié d'un et indivisible dans la Constitution de 1791. La « fédération » alors entendue est au contraire un mouvement conduisant, au tout début de la Révolution, à homogénéiser les droits locaux pour se reconnaître communément citoyens. Le roi et Lafayette s'en saisiront pour tenter d'y ancrer la légitimité de la monarchie constitutionnelle un an après la prise

1. BEAUD Olivier, *Fédéralisme et fédération en France, Histoire d'un concept impossible*, coll. « Annales de la faculté de droit de Strasbourg », t. 3, Strasbourg, Presses universitaires de Strasbourg, 1999 ; JAUME Lucien, « Les Girondins : un conflit véritable, une interprétation faussée », dans BOUTIN Christophe, ROUVILLOIS Frédéric, *Décentraliser en France, idéologies, histoire et prospectives*, coll. « Combats pour la liberté de l'esprit », Paris, François-Xavier du Guibert, 2003, p. 33-48.

de la Bastille[1]. Le fédéralisme, au sens où nous l'entendons, est inenvisageable pour les révolutionnaires, car la souveraineté ne saurait être divisée. C'est justement pour cela que les Montagnards vont en accuser les Girondins. Ainsi leur lancent-ils le mot comme un anathème qui doit les rendre infréquentables dans le débat public. Bien évidemment, les Girondins vont s'en défendre avec énergie, mais ils ne seront servis dans leurs arguments ni par leur défaite ni par ceux qui se réclameront d'eux ultérieurement[2]. Non seulement les Girondins ne sont pas fédéralistes, mais il est même assez difficile de voir en eux des décentralisateurs. Ils sont ainsi à l'origine de l'agent national, ancêtre du préfet.

Les Girondins ne sont pas non plus à l'origine de l'idée d'un pouvoir législatif délégué aux régions. La loi est la même pour tous, quel que soit le lieu. C'est d'ailleurs un point d'accord entre Montagnards, Girondins et monarchiens. L'abolition des privilèges des provinces est adoptée lors de la nuit du 4 août dans une Constituante dominée par les

1. Michel Biard note même toute l'ambiguïté de la démarche : « Même si les promoteurs du mouvement fédératif sont soucieux de créer des liens horizontaux dans la nation, c'est l'intégration verticale qui s'impose, notamment par la fête de la Fédération à Paris. » BIARD Michel, *Les fédéralismes. Réalités et représentations (1789-1874)*, Actes du colloque de Marseille (1993), *Annales historiques de la Révolution française*, 301, 1995, p. 509.

2. MATHAN Anne DE, « Le fédéralisme girondin. Histoire d'un mythe national », *Annales historiques de la Révolution française*, 39/3, 2018, p. 195-206.

monarchistes. Le principe n'est pas jacobin, ni même d'ailleurs républicain, il est l'héritage, évident pour tous, des Lumières. L'unité et l'indivisibilité de la République qui en découlent ne sont pas sujettes à débat à l'époque. C'est une Convention encore sous contrôle girondin qui vote le décret du 25 septembre 1792 disposant que la République est une et indivisible. Le projet de Constitution girondine porte également cette mention. Dans son commentaire au texte qu'il propose, Condorcet déclare à l'Assemblée, le 15 février 1793, « tout semble destiner la France à l'unité la plus entière ». De même, dans un discours pourtant consacré au véto royal, le 7 septembre 1789, l'abbé Sieyès conclut en soumettant à l'Assemblée un avis. Celui-ci prévoit « qu'il soit nommé dans la journée un comité de trois personnes pour présenter, le plus tôt possible, à l'Assemblée un plan de municipalités et de provinces, tel qu'on puisse espérer de ne pas voir le royaume se déchirer en une multitude de petits États sous forme républicaine ; et qu'au contraire, la France puisse former un seul tout, soumis uniformément, dans toutes ses parties, à une législation et à une administration communes[1]. » Pour Sieyès, la loi doit être une au risque d'un pays « hérissé de barrières de toute espèce, un chaos de coutumes, de règlements, de prohibitions particulières à chaque localité. Ce

1. *Archives parlementaires de 1787 à 1860, première Série (1789-1799), Tome VIII (5 mai-15 septembre 1789)*, dir. MAVIDAL Jérôme, LAURENT Émile, Paris, P. Dupont, 1875, p. 597.

beau pays deviendra odieux aux voyageurs et aux habitants ».[1] L'universalité de la loi est alors présentée comme le fondement essentiel d'une pensée juridique et politique issue des Lumières.

La multiplication des statuts particuliers en lien avec une identité culturelle n'a rien non plus de girondin. À rebours, il n'y a rien de plus étranger à leur pensée. C'est justement la parfaite égalité entre départements qui caractérise leur opposition aux Montagnards. Ces derniers jugent que Paris dispose *de facto* d'un statut particulier. Son peuple, seul, pouvant menacer l'Assemblée, il assume le rôle de gardien de la Révolution. « Paris » mis en cause par les Girondins, ce n'est pas l'État central, au contraire. C'est la ville de Paris, sa commune insurrectionnelle, et ses sections de Sans-culottes, qui font pression sur lui. L'uniformité des circonscriptions administratives est donc centrale pour les penseurs girondins à l'instar de Condorcet[2] comme elle l'est pour Sieyès[3]. Les Girondins sont par ailleurs à mille lieues de contester le découpage départemental pour en venir à des découpages ethnoculturels. Comme les Montagnards d'ailleurs, ils sont avant tout communalistes. Les débats sur le département ont été tranchés plus tôt sous la Révolution.

1. *Ibid.*, p. 593. Voir aussi SIEYÈS, Emmanuel-Joseph, *Quelques idées de constitution applicables à la ville de Paris*, Paris, Baudoin, 1789.

2. CONDORCET Jean Antoine Nicolas DE CARITAT, *Essai sur la constitution et les fonctions des Assemblées provinciales*, Paris, 1788.

3. SIEYÈS, E. J., *Quelques idées de constitution applicables à la ville de Paris*, Paris, Baudoin, 1789.

L'option géométrique n'a jamais alors été sérieusement envisagée et les départements tiennent compte des limites des anciens bailliages et sénéchaussées[1]. On tend certes à opposer Mirabeau, présenté comme le partisan d'un découpage moins arbitraire, à l'idéal géométrique de Thouret. Mirabeau note néanmoins qu'il « faut changer la division actuelle par provinces, parce qu'après avoir aboli les prétentions et les privilèges il serait imprudent de laisser une administration qui pourrait offrir les moyens de les réclamer et de les reprendre[2] ». Lorsque la Gironde se structure, ce cadre est communément déjà accepté.

Les Girondins hors-jeu, il n'y a que deux sources qui permettent de marier souverainisme et ethnorégionalisme. La première est Proudhon[3]. C'est une source tout de même compliquée à utiliser étant donné que

---

1. OZOUF-MARIGNIER Marie-Vic, *La formation des départements. La représentation du territoire français à la fin du XVIIIe siècle*, Paris, Éditions de l'EHESS, 1989.

2. TURPIN Denis, « Provinces et Départements », dans MOREAU Jacques, VERPEAUX Michel, *Révolution et décentralisation*, Paris, Economica, 1992, p. 193.

3. En fait le proudhonisme se fonde sur un rapport très particulier à l'articulation entre liberté et ordre public. Ce dernier est maintenu par une société qui s'autorégule, d'où la nécessité d'un pouvoir très local. La régulation sociale chez Proudhon est donc de nature holistique, communautaire ; bien plus oppressive qu'une régulation locale dans les sociétés régies par un État. Sur Proudhon et la décentralisation voir GUILLOT Philippe, « Anarchiser c'est décentraliser, Proudhon et le fédéralisme libertaire », dans BOUTIN Christophe, ROUVILLOIS Frédéric, *Décentraliser en France, idéologies, histoire et prospectives,* coll. « Combats pour la liberté de l'esprit », Paris, François-Xavier du Guibert, 2003, p. 85-108.

Proudhon note que « douze ou quinze peuples parfaitement distincts » forment « ce que l'on appelle vulgairement le peuple français[1] ». Ce dernier n'a donc pour le philosophe pas vraiment d'existence. Le fédéralisme qu'il promeut au niveau national s'inscrit par ailleurs dans un fédéralisme international et européen assumé[2]. Cela fait du projet proudhonien une matrice assez classique de l'ethnorégionalisme moderne. François Dubasque montre, en outre, comment ce sont les réseaux fédéralistes proudhoniens qui, juste après la Première Guerre mondiale, se structurent pour prôner un fédéralisme européen[3]. Parmi les militants de cette cause, on trouve bien entendu Jean-Charles Brun. Proudhon est cohérent, comme l'est Brun. En revanche, cette référence est pour le moins étrange dans une perspective souverainiste.

Reste Maurras dont la pensée attira beaucoup de proudhoniens, notamment par l'intermédiaire du Félibrige[4]. Maurras au début de l'*Idée de décentralisation* rend d'ailleurs hommage au philosophe :

1. PROUDHON Pierre-Joseph, *Contradiction politique. Théorie du mouvement constitutionnel au XIXe siècle, lettre de M. Rouy en faveur de l'abstention*, Paris, Librairie internationale, 1870, p. 117.
2. PROUDHON Pierre-Joseph, *Du principe fédératif*, Paris, Tops-H. Trinquier, 2013.
3. DUBASQUE François, « Nouvelle organisation territoriale et idée européenne dans les milieux régionalistes français. Les exemples de la Fédération régionaliste française et de la Fédération », *Histoire, économie & société*, 3, 2021, p. 9-22.
4. Déclaration des félibres fédéralistes, 22 février 1892, cité par BRUN Jean Charles, *Le régionalisme*, Paris, Boud et Cie, 1911, p. 275-276.

« Proudhon déduisait son fédéralisme de la philosophie individualiste. Mais ses formules étaient précisées, corrigées par le violent amour de ce Franc-Comtois pour sa province natale. Son livre *Du principe fédératif* garde des parties excellentes[1]. » Toutefois, on a vu que Maurras était beaucoup plus fin et intelligent que ses héritiers. Il savait qu'unité nationale et fédéralisme identitaire n'étaient compatibles qu'à condition d'abolir la République et de n'accorder l'autonomie qu'aux régions de cultures proches d'un tronc « gallo-roman ». Le souverainisme français, s'il veut être cohérent, va donc devoir devenir monarchiste et expliquer qu'il respecte la pleine autonomie de la Provence, mais met en coupes réglées l'Alsace et la Bretagne…

Ceci constaté, c'est peu dire que cette famille de pensée semble en pleine incertitude intellectuelle. Philippe Séguin et Jean-Pierre Chevènement prévenaient la France des dangers de l'ethnorégionalisme à une époque où les exemples de la Belgique, de l'Espagne et de la Grande-Bretagne ne nous instruisaient pas encore. Trente ans plus tard, leurs successeurs applaudissent à la loi Molac, portée par un député prônant une Europe des régions, alors que nos voisins donnent à voir le résultat d'une telle politique. Il est après tout possible de faire les grands écarts théoriques que l'on souhaite. D'un point de

1. MAURRAS Charles, *L'idée de la décentralisation*, Paris, Service de publication de l'Action française, Paris, 1919 (rééd. 1898), p. 6.

vue strictement pragmatique, l'important est d'accorder ses instruments à des objectifs politiques. Cela exclut, *a priori*, de tendre la main et promouvoir des doctrines ayant justement pour ambition de détruire l'objet que l'on veut défendre.

Loin de faire revivre les petites patries, l'ethnorégionalisme les instrumentalise contre l'État et, au bout du compte, contre elles-mêmes. Hélène Dewaele Valderrábano note à propos de la Catalogne : « Cette politique de nationalisation de la Catalogne, que cela soit dans son versant linguistique, dans le contenu des manuels scolaires d'histoire ou dans le manque d'objectivité des médias catalans, est aujourd'hui mise en cause par certains historiens, dont Jordi Canal, qui y voit l'origine de la radicalisation des Catalans. Toute une génération n'a pas connu autre chose que le roman national catalan auquel participent même des universitaires[1]. » Ce constat risque sans doute d'être valable en France dans quelques années. L'ethnorégionalisme n'est pas seulement une idéologie dangereuse, elle est aussi une option politique qui a le vent en poupe.

1. DEWAELE VALDERRÁBANO Hélène, « Le nationalisme catalan et l'enjeu européen aux XXe-XXIe siècles », *Histoire, économie & société*, 3, 2021, p. 93

Deuxième partie

Une dynamique politique menant à la destruction du pays

En octobre 2020, une poignée d'indépendantistes prennent le plateau des Glières (Haute-Savoie), pour proclamer la création d'un État souverain de Savoie. On trouve, par ailleurs, une Association pour une collectivité unique de Franche-Comté qui affiche comme modèles Edgard Faure et Jean-Pierre Chevènement auxquels on ne connaissait pas pareil engagement. Certes, l'ethno-régionalisme est parfois grotesque, mais la Corse n'est pas la Franche-Comté et la situation de tension extrême partout en Europe devrait nous alerter. Notre pays n'a pas été immunisé, mais désensibilisé par deux siècles de centralisation. Plutôt, que de rire de quelques loufoqueries, nous devrions nous inquiéter de ce qui se passe en Bretagne, en Alsace, en Corse ou au Pays basque. Nous faisons en effet dans ces régions les mêmes erreurs que nos voisins mais, aveuglés par notre orgueil, nous refusons d'en tirer les leçons. Pariant sur notre « esprit », notre singularité, nous courrons au-devant d'incalculables difficultés. La bataille culturelle est déjà en passe d'être perdue, la lutte politique est engagée, et la naïveté coupable de l'État favorise l'effondrement de la nation.

IV

La conquête de l'hégémonie culturelle

En 2002, José María Aznar fait déplier sur la Plaza de Colón, au centre de Madrid, un immense drapeau pour honorer l'étendard de tous les Espagnols. Les nationalistes basques et catalans dénoncent aussitôt des « symboles et des formules du passé », du « patriotisme rance ». Paradoxalement, les Catalans avaient déjà déployé devant le monastère de Montserrat un drapeau de 750 m^2, alors que celui d'Aznar n'en faisait que 294. C'était toutefois là un symbole moderne d'ouverture. La bataille des étendards touche également la France. Le drapeau national, au mépris de la loi, est ainsi enlevé du fronton de nombreuses mairies. Le 20 février 2022, à 11 heures, l'association À la Bretonne entre dans la course au gigantisme en élevant « le plus grand drapeau breton du monde » à Nantes. Le message est clair, la nation est par définition dépassée, moisie. Les régions, même si elles utilisent des symboles similaires pour transmettre l'identité, sont l'avenir.

Comme le notent bien Tudi Kernalegenn et Romain Pasquier, la capacité d'action des partis ethnorégionalistes est le corollaire de la prégnance de l'identité régionale[1]. Il convient donc d'imposer la seconde, pour rendre efficace la première. La haine du national, rend acceptable une exacerbation du nationalisme local, fût-il même violent. Qu'une semblable mise en scène du drapeau national soit décriée alors qu'elle est encensée avec un drapeau régional, montre l'ampleur de la victoire culturelle de l'ethnorégionalisme.

L'INVERSION DU STIGMATE

En octobre 1980, Jean-Yves Le Drian prend la parole au procès des militants du Front de libération de la Bretagne jugés pour l'attentat du 6 mars 1979 à Saint-Brieuc[2]. Pour celui qui deviendra ministre de la Défense puis ministre des Affaires étrangères, la violence peut être entendue dans une France qu'il n'hésite pas à comparer à l'Espagne franquiste. L'attitude de Jean-Yves Le Drian est malheureusement loin d'être isolée. Non seulement la violence ethnorégionaliste est bien souvent négligée, mais elle est même fréquemment soutenue de la part de ceux qui devraient la dénoncer. La rhétorique est toujours la même. Assiste-t-on à des violences ? C'est le méchant État jacobin, ontologiquement

1. KERNALEGENN Tudi, PASQUIER Romain, « Les régions contre l'État ? Capacité politique et fragmentation territoriale en Europe », *Droit et société*, 98/1, 2018, p. 71-89.
2. CHARTIER Erwan, l'UBD et la question de la violence politique, dans Tudi KERNALEGENN, Romain PASQUER (dir.), *L'Union démocratique bretonne, un parti autonomiste dans un État unitaire*, Rennes, Presses Universitaire de Rennes, 2014, p. 164.

oppressif, qui en est la cause. Le retournement du stigmate s'avère ainsi une réponse particulièrement efficace aux remises en cause du logiciel ethnorégionaliste.

La banalisation de la violence

À force, la violence ethnorégionaliste a fini par ne plus guère indigner. Elle est même parfois assimilée à une forme de folklore. Elle fait pourtant des victimes, souvent sous le regard indifférent, voire accommodant, du personnel politique local.

Le 14 juillet 2021 à Saint-Jean-de-Luz, le maire est agressé pour s'être opposé à une action des indépendantistes. Sur les réseaux sociaux, il publie : « Alors oui, ce 14 juillet, je suis intervenu et je me suis mis en travers quand, au moyen d'une échelle, ils ont voulu arracher le drapeau tricolore qui pavoise notre mairie. […] Oui je me suis interposé, quand après m'être fait insulter de "sale Français" et de bien d'autres ignominies, je n'ai pas accepté d'être complaisant et de laisser faire cette minorité radicalisée qui venait d'apposer sa banderole avec un drapeau français barré de noir. Oui, j'ai même été giflé par une personne et je n'ai pas répliqué. Oui, j'ai été bousculé et insulté, j'ai essuyé de nombreux doigts et bras d'honneur[1]. »

1. « Saint-Jean-de-Luz : front républicain suite à la manifestation à caractère indépendantiste du 14 juillet », *Sud-Ouest*, 17 juillet 2021.

Alors que les violences contre les élus font, à juste titre, l'objet d'une inquiétude et d'une publicité croissantes, la presse est ici majoritairement silencieuse. Pas plus de réactions des élus locaux, que l'on a vus plus prompts à la solidarité. Il faut dire que, là aussi, le terrain électoral est miné. De même, le 12 octobre 1999, le lendemain d'un attentat contre les émetteurs de radiotélévision de la Rhune, le gratin du monde politique basque défile à Bayonne avec Abertzaleen Batasuna. L'objet de cette démonstration de force n'est toutefois pas de condamner l'attentat, mais de réclamer la création d'un département basque. Le Parti nationaliste basque, la formation ethnorégionaliste la plus importante des deux côtés de la frontière, s'avère d'ailleurs pour le moins ambigu. En 2006, son dirigeant, Gorka Aguirre est mis en examen pour collaboration avec une bande armée en Espagne. En 1979, son prédécesseur Xabier Arzalluz organise une réunion avec l'ETA pour lui demander de mettre un terme à la trêve avec le gouvernement espagnol. L'objectif est d'engager un rapport de force avec Madrid pour obtenir un statut particulier plus avantageux. Le bilan de l'attentat qui suivra, le 29 juillet 1979, sera de sept victimes. La fin de la trêve aura fait 250 morts en un an[1].

En Corse, si les coups de menton des nationalistes au pouvoir ne sont rien par rapport aux 70 victimes

1. CLARENS Katia, « Ces Basques qui ne veulent plus se taire », *Le Figaro Magazine*, 12 octobre 2002, p. 49-53.

du FLNC[1], il est difficile de considérer l'étanchéité de ces mouvements avec toute forme de violence politique. Gilles Simeoni fut ainsi l'avocat d'Yvan Colonna, condamné pour l'assassinat du préfet Érignac. Son père, Edmond Simeoni, figure de nationalisme corse, auquel seront organisées des funérailles quasi nationales, avait réuni en 2003 plus de 1 000 personnes à Lozi. L'objectif était de protester contre l'interpellation de l'un de ses fils, accusé d'avoir hébergé le même Yvan Colonna – sous le prétexte que c'était là une manifestation de la tradition d'hospitalité corse. Le patriarche du nationalisme corse n'en était pas à son coup d'essai. Son fait d'armes le plus marquant est l'occupation les 21 et 22 août 1975 d'une cave viticole à Aléria tenue par des rapatriés d'Algérie. Bilan de l'opération, deux gendarmes morts. L'objectif d'ouverture fraternelle au monde des nationalistes était à l'époque le départ de l'île des rapatriés. À force de pressions et de harcèlement, il finira par être atteint[2].

En comparaison de la Corse et du Pays basque, les autres régions font figure de havres de paix. Le Front de libération de la Bretagne, qui a opéré une centaine d'attentats et causé trois morts entre 1966 et 1985, est revenu sur le devant de la scène en novembre 2021. Il revendique alors quinze « attaques de résidences

1. POLITI Caroline, « Le FLNC prêt à reprendre les armes : "La violence est une composante essentielle" », *L'Express*, 4 juin 2013.
2. BERMOND Daniel, « L'honneur perdu des nationalistes », *L'Histoire*, 244, 2000, p. 50.

secondaires ou des profiteurs de l'industrie touristique ». En Alsace, c'est le groupe des Loups noirs, fondé en 1976, qui marque le paysage politique. En 1978, on assiste à une fusion entre le Rassemblement des Alsaciens-Lorrains (dirigé par Martin Johann, ancien du MRAL) et de Jeune Alsace (composé de transfuges du FN) dans le Mouvement populaire alsacien. Y adhèrent plusieurs des Loups noirs (Jashek, Rieffel et Woerly) qui commettront plusieurs attentats entre 1976 et 1981, dont le dynamitage à deux reprises de la croix de Lorraine de Thann. Depuis, la situation s'est pacifiée en Alsace. Les militants se contentent, simplement, de hisser le drapeau alsacien sur la cathédrale de Strasbourg, comme ce fut le cas le 11 novembre 2018. D'autres, plus radicaux, préfèrent exprimer leur art et leur ouverture en dessinant des svastikas un peu partout, et particulièrement dans les cimetières juifs, à côté de références aux Loups noirs[1].

La légitimation du recours à la force

Les partis ethnorégionalistes ayant pignon sur rue cautionnent-ils cette violence ? Est-elle acceptable pour ces formations se présentant aux élections aux côtés du PS, LREM, LR ou EELV ? Bien sûr que non ! Enfin, il faut quand même faire la part des choses…

1. LICOURT Julien, « Profanation du cimetière alsacien : qui sont les "Loups noirs" ? », *Le Figaro*, 21 février 2019.

En février 2018, lors des hommages au préfet Érignac, Emmanuel Macron assène, martial, que l'acte d'Yvan Colonna « ne se justifie pas, ne se plaide pas, ne s'explique pas ». Il visait implicitement Gilles Simeoni, son ancien avocat. En mars 2022, on assiste à de violentes manifestations dans les rues corses, en hommage à l'assassin du préfet Érignac. On caillasse la police et on brûle des bâtiments publics. On crie « Français de merde ! » et « État assassin ! » : 93 blessés et 650 cocktails Molotov sont dénombrés. Gilles Simeoni s'indigne, le 8 mars, dans un communiqué. « Le Conseil exécutif de Corse comprend et partage le sentiment d'indignation ressenti et exprimé par des dizaines de milliers de Corses, et particulièrement par les jeunes. Nous ne pouvons cependant pas accepter que leur intégrité physique soit menacée ou mise en cause. Nous demandons donc aux étudiant(e)s, lycéen(ne)s, collégien(ne)s désireux de manifester de le faire sans s'exposer à des risques physiques. Nous constatons également que les forces de l'ordre ont utilisé des moyens et techniques totalement disproportionnés lors des manifestations de dimanche et de ce jour, contre de très jeunes gens, avec pour conséquences des blessures graves, et des risques majeurs pour leur santé et leur vie. » Brûlez une préfecture et frappez des policiers, mais ne vous faites pas mal ! Enfin, le lendemain, Gilles Simeoni, qui n'appelle toujours pas au calme, se fend d'un nouveau communiqué où il rappelle les revendications des nationalistes en forme de chantage au calme. Le gouvernement réagira courageusement par la voix de Gérald Darmanin... en promettant l'autonomie et en assimilant Yvan Colonna à Samuel Paty. À la mort d'Yvan Colonna, la collectivité de Corse mettra en berne ses drapeaux, rendant hommage comme à un héros national à celui qui avait abattu dans le dos un préfet de la République. On aura rarement vu une plus claire capitulation de l'État.

En comparaison de l'île, les autres régions semblent de doux havres, et pourtant. Les violences en Corse n'ont pas empêché les autres régions de prendre exemple sur les revendications alors avancées. Le Conseil régional de Bretagne s'est jeté sur l'occasion pour voter une résolution, le 8 avril 2022, réclamant lui aussi l'autonomie « législative et fiscale », sur le modèle des exigences des manifestants de l'île de Beauté. Sur le site d'Unser Land, le parti centriste européen et moderne de l'Alsace ouverte, on trouve le livre de Pierre Rieffel, ancien Loup noir, *Ma vie pour l'Alsace*. Il est présenté de cette façon : « Le témoignage de celui que l'on qualifiait alors de terroriste. Pourtant, cet Alsacien et ses amis ne se sont attaqués qu'à des symboles de la France qui détruisait la langue alsacienne et l'identité du peuple alsacien[1]. » Unser Land apparaît donc tout à fait à l'aise avec l'héritage des Loups noirs. Rappelons que ce parti est présent au sein de l'alliance Région et peuples solidaires aux

1. Voir en ligne : *unserland.org/collect/description/140537-a-livres-buecher?header=%2Fpage%2F1033997-livres-buecher*

côtés, par exemple, de l'Union démocratique bretonne. Cela tombe bien, car à l'UDB non plus on n'aime pas trop cette France colonisatrice. Gaël Briand, tête de liste aux régionales, a même écrit un livre, *Bretagne-France : Une relation coloniale*[1]. L'argument apparaît toutefois depuis longtemps puisqu'il existe déjà dans *Breiz Atao*[2]. L'idée de colonisation intérieure se développe également en Corse, notamment après la publication de *Main basse sur une île*, ouvrage collectif du Front régionaliste corse, paru en 1971[3].

Si les principaux partis ethnorégionalistes sur le continent ne cautionnent pas la violence, leur discours tend indirectement à la légitimer. En effet, qui aujourd'hui condamnerait les mouvements d'émancipation anticoloniaux sur le fondement des violences commises ? Dire que la Bretagne ou la Corse sont des colonies, exploitées par Paris, c'est assimiler leur sort à celui de l'Algérie ou de l'Indochine. La violence devrait alors, logiquement, être reconnue comme un moyen légitime de prendre en main son destin pour un peuple opprimé. C'est accessoirement faire fi du fait que les citoyens de ces régions disposent des mêmes droits que tous les autres Français. C'est également négliger que l'économie corse

1. BRIAND Gaël, *Bretagne-France : Une relation coloniale*, Rennes, IJIN, 2015.

2. CARNEY Sébastien, « Le mouvement breton au miroir de son historiographie », *Annales de Bretagne et des Pays de l'Ouest*, 123/2, 2016, p. 83-106.

3. Front régionaliste corse, *Main basse sur une île*, Paris, Jérôme Martineau, 1971.

est soutenue à bout de bras par la communauté nationale. L'économie bretonne l'a longtemps été avant qu'à force d'aides de l'État elle se transforme en poumon économique[1].

Dès lors que la révolte est juste, les actions criminelles l'accompagnant le sont tout autant. Elles deviennent des actes politiques. La notion de « prisonnier politique » portée non seulement par les nationalistes mais aussi par une partie des élus et des médias corses, en témoigne. Ainsi se distille une idée. L'assassinat du préfet Érignac n'en était pas un. C'était un acte politique. Il ne doit donc pas être jugé comme un crime de droit commun, mais comme le produit d'une démarche politique. En droit, c'est rigoureusement faux. Les assassins du préfet Érignac ne sont pas en prison en raison de leurs opinions, mais parce qu'ils ont assassiné un préfet. Un prisonnier politique est un individu incarcéré à cause de ses activités politiques, pas d'un crime de droit commun. Si le crime est politique, la peine n'en est pas une. C'est une punition infligée par l'État à ceux qui le combattent. Si le crime est politique, alors sa sanction peut faire l'objet de négociations. Un processus de paix doit ainsi comprendre l'amnistie des combattants injustement enfermés. En décembre 2015, le président de l'Assemblée de Corse, Jean-Guy Talamoni,

1. Voir DAVEZIES Laurent, *La République et ses territoires, La circulation invisible des richesses*, Paris, Seuil, coll. « La république des idées », 2008.

annonce : « Demain, nous obtiendrons l'amnistie des prisonniers et des recherchés et personne ne pourra s'opposer à cette volonté populaire. » En imposant leurs mots, les nationalistes corses dictent leur récit. Celui d'actes politiques et de prisonniers devant faire l'objet d'une solidarité de la part des Corses. La narration est dominante dans la presse[1]. Le 22 février 2019, l'Assemblée de Corse adopte à l'unanimité une résolution « portant adoption d'une motion relative à l'exigence de création d'une commission de travail dédiée à la libération des prisonniers politiques et à l'arrêt de toutes les poursuites envers les recherchés et anciens condamnés ». Fin octobre 2022, la même assemblée, après avoir été envahie par des militants nationalistes, vote à l'unanimité une résolution exigeant de l'État qu'il négocie le statut des prisonniers politiques... On n'avait pas vu cela depuis la Convention. Sur ce thème, les deux chefs historiques du FLNC, Jean-Michel Rossi et François Santoni dénoncent ce dévoiement. « Aujourd'hui, le nationalisme professe un certain corsisme, comme celui que Talamoni et son groupe ont développé dans la période Bonnet. Ils se sont solidarisés avec des personnes mises en examen ou menacées de l'être, uniquement parce que les personnes suspectées étaient corses. Nous, en tant que patriotes, nous espérions que l'État ferait son travail, ce qui aurait évité un affrontement au sein

1. Par exemple, NEGREL Pierre, « Prisonniers politiques : enjeux d'un dossier multiforme », *Corse-matin*, 14 novembre 2020.

de la société corse, et aurait par la suite donné plus de force à la revendication d'émancipation. Au lieu de cela, Corsica Nazione n'a fait que contester la notion d'État de droit en tant que tel[1]. » La population corse est, elle aussi, un peu moins dupe. Un sondage Paroles de Corse – Opinion of Corsica – C2C interroge ainsi : « Soutenez-vous la résolution solennelle de l'Assemblée de Corse du 22 octobre 2021 qui demande un rapprochement des prisonniers détenus dans le cadre de l'assassinat du Préfet Érignac ? » 57 % des Corses répondent non, 40 % oui. Parfois, souvent, le peuple est plus intelligent et sagace que ceux qui s'en veulent les ventriloques.

Les nationalistes corses ne sont pas les seuls à soutenir ce récit. En Bretagne, l'association Skoazell Vreizh offre soutien et prise en charge « aux prisonniers politiques bretons et à leur famille, aux personnes mises en examen et plaignantes pour des motifs politiques bretons[2] ». Elle propose un appui matériel, moral et financier. L'alinéa 4 de son règlement dispose que : « Les actes de résistance doivent s'inscrire dans une démarche collective de revendications bretonnes identifiables. Toutefois, les actes individuels isolés pourront être étudiés au cas par cas. » Son président a été condamné pour association de malfaiteurs en vue de préparer des actes de terrorisme en 2005.

1. ROSSI Jean-Michel, SANTONI François, *Pour solde de tout compte*, Denoël, 2000, p. 211.
2. Les statuts de Skoazell Vreizh, *skoazell-vreizh.bzh*.

L'association qui a notamment apporté son soutien aux « prisonniers politiques » du Front de Libération de la Bretagne, ne manque visiblement pas de financeurs. Son président rend ainsi hommage à Patrick Le Lay, ancien président-directeur général de TF1, qui « répondait toujours présent lorsque notre association de solidarité bretonne devait faire face à un surcroît de dépenses[1] ».

L'inversion du stigmate, consistant pour les ethnorégionalistes à prendre l'allure de victimes d'un État oppresseur, rencontre une très large audience au niveau national. Elle fait en effet écho aux discours décoloniaux qui ont pignon sur rue. La logique victimaire sert à plein l'ethnorégionalisme. L'existence des boucs émissaires habituels que sont l'État et la nation ne peut qu'entraîner un réflexe pavlovien. La fausse référence aux petites patries déjà examinée permet aux élites parisiennes de se sentir proches des gentils ethnorégionalistes luttant contre le vil nationalisme étatique. Ces gens aux mœurs reconstruites si authentiques et aux *goodies* « Made in China » si typiques, que la bourgeoisie francilienne croise en vacances, lui semblent tellement sympathiques. La caution intellectuelle de la chose est assurée par le rapport de Michel Rocard, « Décoloniser la province ». Référence ronflante, qu'aucun de ses thuriféraires n'a consultée,

1. « Le secours breton » salue la mémoire de Patrick Le Lay, *Ouest-France*, 21 mars 2020.

surtout lorsqu'il expliquait que « la clé du problème est l'animation urbaine, et non le folklore régionaliste[1] ». En revanche, Jack Lang, lui, ne se trompe pas de combat quand il écrit sur Twitter à la suite de la censure de la loi Molac que « la décolonisation culturelle doit s'appliquer aussi au territoire national ! » Il faut également lire Lashley Myrna posant la comparaison entre Diwan et les écoles afrocentriques au Canada. Il s'agit dans les deux cas de considérer que la culture commune véhiculée par l'école a déraciné l'enfant de l'identité profonde qui doit lui être

1. *Décoloniser la Province, Rapport général proposé par le comité d'initiative aux délibérations des colloques sur la vie régionale en France*, 1966, p. 26-29. S'il ne dénie pas l'importance des cultures, elles sont vues comme une relique du passé que le développement du régionalisme économique et d'une démocratie politique peut permettre de sauver, de manière incidente, sans que cela en soit vraiment l'objectif. Le rocardisme est ainsi un savant mélange entre régionalisme fonctionnel, conception libérale de la décentralisation, mais inscrite cette fois au niveau régional (ce qui n'était en rien le cas des libéraux du XIXe siècle) et inscription dans une certaine rhétorique de la marginalisation provinciale liée aux mutations de la révolution industrielle. On retrouve ainsi l'idée d'une colonisation de l'intérieur. L'objectif est alors non pas de rompre l'État-nation, mais de réveiller la lutte des classes pour permettre le progrès social en province. Le projet est en lui-même peu ambitieux. Les régions n'auraient comme compétence que la gestion du budget correspondant à l'exécution du plan. Il ne faut pas voir le PSU comme uni sur le sujet. Mendès France est ainsi plutôt favorable à une « déconcentration technique et administrative ». La création d'un exécutif régional élu est surtout portée par Defferre, qui finit par l'obtenir de Mitterrand à Épinay. Voir notamment PÉTRÉ GRENOUILLEAU Olivier, *Nos petites patries. Identités régionales et État central en France, op. cit.*, p. 228.

enseignée[1]. Là encore, les militants ethnorégionalistes issus des CSP+ ont trouvé à parler le même langage que leurs homologues parisiens.

Devenir la seule voix légitime

Une fois parvenu à apparaître comme étant du bon côté de l'histoire, l'ethnorégionalisme a imposé son récit et ses symboles à l'ensemble des acteurs politiques et culturels. Ainsi, les régions reprennent hymnes et drapeaux qui étaient ceux de ces partis. La Presse quotidienne régionale et l'Université s'échinent de leur côté à crédibiliser et à diffuser le roman régional sans guère avoir le souci de la réalité.

Imposer un kit identitaire

Le drapeau basque, l'*Ikurriña*, ne remonte pas à la nuit des temps, lorsque le premier homo sapiens, évidemment basque, mit les pieds en ces contrées. Il a été créé par Sabino Arana Goiri, le fondateur du Partido Nacionalista Vasco (PNV), sur le modèle de l'*Union Jack*[2]. On a vu combien celui-ci croyait

1. Myrna Lashley, « Pour ou contre les écoles afrocentriques au Canada ? », *L'Autre*, 3/9, 2008, p. 427-431.

2. Conversi Daniele, *The Basques, the Catalans, and Spain: alternative routes to nationalist mobilization.* Hurst, Londres, 1997 ; Anderson James, « Separatism and devolution: the Basques in

dur comme fer à la supériorité raciale des Basques, au point de refuser les mariages mixtes. D'autres ont copié la bannière américaine... Ainsi en va-t-il du drapeau breton, baptisé *Gwenn ha du*, qui flotte sur les mairies et décore les *goodies* dans tous les magasins attrape-touristes. Lors du Tour de France 2021, la collectivité en fit produire 25 000 en Chine pour donner un sentiment de masse à la télévision. Pourtant, il n'a jamais été l'étendard du Duché de Bretagne. Il fut en réalité celui des mouvements fascistes dès l'entre-deux-guerres[1]. Comme le reconnaît la référence des ethnorégionalistes, Morvan Lebesque, « paradoxalement, Breiz Atao, ignoré ou rejeté par la majorité de ses compatriotes, leur imposait à son insu sa vision. Et même son label : c'est Breiz Atao qui inventa le drapeau breton à hermines et bandes blanches et noires, symbolisant les neuf pays[2]. » Son concepteur, Morvan Marchal, est considéré comme un nationaliste modéré, fréquentable, de gauche. Il écrivait pourtant dans *Breiz Atao* : « Un homme est venu qui a dit à ses frères : "Vous avez le droit de vivre selon votre race." La même préoccupation tient

---

Spain », dans CHISHOLM Michael, D.M. SMITH David M. (dir.), *Shared space, divided space, essays on conflict and territorial organization*, Londres, Routledge, 1990. p. 135-156.

1. Avant 1939, Jaffrenou qualifie le drapeau breton de « drapeau fasciste », *War Du ar Pal*, 3, 1939, p. 214.

2. LEBESQUE Morvan, *Comment peut-on être Breton ? Essai sur la démocratie française*, coll. « L'Histoire immédiate », Paris, Le Seuil, 1970, p. 167 (texte et note 1) ; voir aussi MORDREL Olivier *La Voie bretonne*, Rennes, Sked Éditions, 1996, p. 12-14.

au cœur des nationalismes de tous les petits pays en réveil : arracher l'intelligence de leur peuple à la culture étrangère imposée et reconstituer une civilisation nationale sur le vieux fond racial et traditionnel[1]. » Sébastien Carney note *Gwenn ha du* fut « adopté successivement par l'Union de la jeunesse de Bretagne, le Parti autonomiste breton, le Parti national breton, les différentes structures militantes de l'après 1945, et enfin, la Région elle-même pour les plaques d'immatriculation[2] ». Outre le drapeau, on s'est déjà attardé longuement en introduction sur le *Bro gozh ma zadoù,* adopté en 2021 comme hymne officiel Breton ; ode à l'indépendance composée par un « barde » écrivant dans des revues collaborationnistes et antisémites. Souvenons-nous, de sa considération pour « les Parisiens et autres nègres français qui n'ont plus ni traditions, ni langue, ni esprit racial[3] ».

Comment un drapeau et un hymne qui étaient synonymes de honte et d'opprobre à la Libération ont-ils pu devenir le symbole d'une région et parsemer les objets les plus divers ? Pour le comprendre, il convient de considérer ce qu'Anne-Marie Thiesse nomme un

1. Cité par MORVAN Françoise, *Le Monde comme si*, Paris, Actes Sud, 2005, p. 216 ; *Breiz Atao*, mars 1925, p. 536 ; sur la pensée de Marchal voir aussi DEBAUVAIS Fransez, *Mémoires du chef breton commentés par sa femme*, t.1, Rennes, 1975, p. 97-98.

2. CARNEY Sébastien, « Les nationalistes bretons face aux projets européens, des années 1920 aux années 2000 : une stratégie de l'étau ? », *Histoire, économie & société*, 3, 2021, p. 38.

3. JAFFRENNOU François, « Les métèques », *Breiz Dishual*, 10 avril 1913, p. 4.

« kit identitaire[1] ». Les communautés ont besoin de parler d'identité pour se légitimer. On doit admettre que motiver les électeurs sur des sujets comme les transports régionaux ou les aides aux entreprises n'est pas simple. Un discours identitaire musclé, prenant si possible pour adversaire Paris, est bien plus efficace. Par ailleurs, nulle nécessité, alors, d'expliquer et justifier un bilan. Pour susciter une identité, il faut des symboles. Les groupes ethnorégionalistes l'ont bien compris, et l'on a vu, dans la première partie de ce livre, combien la création artificielle de cette identité se différenciait des petites patries. Ces partis ont donc élaboré un kit composé de drapeaux, hymnes et récits historiques dans lesquels les élus locaux vont pouvoir abondamment puiser. Le kit des collectivités territoriales de Corse, d'Alsace, de Bretagne, du Pays basque est assez largement repris des ethnorégionalistes. Le drapeau est évidemment l'élément le plus symbolique. Ainsi la Collectivité européenne d'Alsace aime à arborer la bannière des ethnorégionalistes alsaciens (rouge et blanc) à côté des armes historiques de Basse et Haute-Alsace fusionnées. Le drapeau corse est celui adopté en 1755 par Pascal Paoli.

La nouvelle bataille des drapeaux porte à présent sur les émoticônes des smartphones… Voilà la grande croisade des collectivités de Corse et de Bretagne. En 2018, l'Assemblée de Corse vote 52 800 euros

1. THIESSE Anne-Marie, *La Création des identités nationales*, Seuil, Paris, 1999.

de budget pour doter l'île de son propre *emoji*. En janvier 2020, c'est au tour de la région Bretagne de se lancer dans une offensive coûteuse et très visible allant jusqu'à ambitionner de s'afficher dans le métro parisien. L'objectif était l'usage du *hashtag* « #emoji-bzh » sur les réseaux sociaux à dessein de convaincre le consortium américain Unicode d'intégrer le drapeau comme élément indispensable de son répertoire. On peut s'interroger sur une telle utilisation de l'argent public. Les *cost-killers* en chef des médias, qui aiment à pointer les dérives de l'État, sont pour le coup bien silencieux. Au-delà de l'usage fait des deniers publics, l'opération est assez symptomatique de l'importance du kit identitaire. Avec l'émoticône régionale, il s'agit de pouvoir se dire Breton, Basque, Corse dans tous les échanges en ligne. L'objectif est aussi d'entrer dans le club fermé des drapeaux d'Unicode qui ne reconnaît, à quelques exceptions près, que les États souverains. L'enjeu fut le même lorsqu'au domaine national « .fr » furent ajoutés des domaines régionaux : « .bzh », « .alsace », « .corsica », « .eus ». L'indépendance sera acquise dans le métaverse avant d'advenir dans notre réalité…

Quand les symboles n'existent pas, il faut les créer. En Corse, les nationalistes ont réussi à imposer le 8 décembre comme fête de la nation (*Festa di a nazioni*). Au départ, la fête est religieuse en Corse. La collectivité pousse dès lors des employés à prendre le 8 décembre sur leurs congés. L'Éducation nationale semble finalement baisser les bras et, plutôt que de lutter contre l'important absentéisme ce jour-là, fait le choix d'organiser des animations dans les établissements. Gilles Simeoni a réussi là où a échoué Jean-Yves Le Drian qui a pareillement voulu faire de la Saint Yves la fête nationale bretonne. À défaut de feu d'artifice, les Bretons auront toutefois des jeux. Ainsi, ont été créés les « Derbys bretons », championnat de foot entre clubs bretons. Dans la charte se trouve bien entendu le *Bro gozh ma zadoù* qui doit être entonné à chaque compétition. De même, du 1er au 10 juillet 2022, ont eu lieu les premiers « Jeux de Bretagne ». Les Jeux olympiques se voulaient à la fois ouverture et joute entre nations. Les jeux de Bretagne sont des jeux qui n'ont d'autre but que de se sentir fier d'être breton. Durant ceux-ci, on peut penser que les Bretons emporteront beaucoup de médailles d'or à ramener en Bretagne. Enfin, en Bretagne, c'est à voir, car les jeux ont lieu à Nantes. Leur objectif est donc très politique. Il s'agit de prôner le rattachement de la Loire-Atlantique à la Bretagne. Qui imaginerait un championnat de France organisé au Bhoutan ? En mettant en avant à la fois les symboles de l'ethnorégionalisme et en faisant valoir ses revendications, ce type d'événement festif est en réalité une arme efficace de communication voire d'embrigadement.

Le contrôle des relais d'influence

La conquête du champ culturel passe d'abord par le milieu associatif, dont les liens sont forts avec les organisations ethnorégionalistes. Ces derniers sont pour beaucoup des mouvements culturels entrés en politique. L'influence du kit identitaire est ainsi amplement due à ces associations porteuses du même logiciel que les partis, mais œuvrant, sur fonds publics, à le promouvoir pour mieux éduquer les masses. Toutefois, cette influence déborde largement leur action et touche en particulier deux acteurs essentiels que sont la presse et l'Université.

Dans l'étude qu'il lui consacre, dans la prestigieuse revue historique *Hérodote*, l'historien Thibault Courcelle n'y va pas par quatre chemins pour parler de la presse quotidienne régionale bretonne. Concernant notamment le traitement des mouvements culturels, il résume sa position : « Les Bretons = "peuple majeur" opprimé par des Français "étrangers et dominateurs", on croirait entendre la frange la plus extrémiste des indépendantistes bretons du mouvement *Emgann*[1]. » Il ajoute : « *Le Télégramme du dimanche* contient chaque semaine une page sur l'histoire de la Bretagne, rédigée par un militant nationaliste, Erwan Chartier, qui dirige

1. COURCELLE Thibault, « Création d'une "identité bretonne" : étude comparative de Ouest-France et du Télégramme », *Hérodote*, 110/3, 2003, p. 138.

aussi actuellement la revue *ArMen*[1]. » Pourtant, il n'en fut pas toujours ainsi. Dans les années 1980, *Ouest-France* et *Le Télégramme* sont même indifférents, voire frileux, devant la décentralisation. La PQR n'adopte le discours ethnorégionaliste que dans les années 1990, et surtout 2000. Elle participe alors pleinement à diffuser cet imaginaire. Thibault Courcelle constate ainsi « un engagement assez fort de la presse quotidienne bretonne dans un discours très régionaliste, voire autonomiste, et parfois proche du discours indépendantiste en ce qui concerne la langue et la culture[2] ». Ainsi, la PQR annonçait une quasi-révolution au lendemain des manifestations du 29 mai suivant la censure par le Conseil constitutionnel de plusieurs dispositions de la loi Molac. La principale, à Guingamp (ritualisée chaque année à travers le *Redadeg*), a rassemblé 6 000 personnes selon la préfecture (15 000 selon les organisateurs), contre 10 000 pour la première en 2008 et 15 000 en 2010.

On peut faire une analyse similaire de la presse régionale dans d'autres régions, en particulier en Alsace, et surtout en Corse. Joseph Martinetti note : « Avec l'appui des socialistes dans les années 1980, [le nationalisme corse] a pu conquérir les espaces de la parole publique, Université, médias publics (FR3, RCFM) et privés avec le quotidien désormais unique,

1. *Ibid.*, p. 132
2. *Ibid.*, p. 141.

Corse-Matin, l'ensemble fabriquant un "consentement" volontaire à la vision de l'identité insulaire[1]. » On a vu combien la rhétorique nationaliste y était importante. Combien la notion de « prisonnier politique » s'y était notamment imposée. Et l'appel à manifester de Gilles Simeoni, début décembre 2021, pour l'autonomie de la Corse, promise comme un raz de marée réunit… 180 personnes à Ajaccio et 290 à Bastia.

Cette évolution a également pour cause une vraie porosité entre milieux journalistiques et militants. Le festival des Vieilles Charrues en Bretagne, épicentre du régionalisme, ayant participé au financement des projets de Diwan, est fondé par Christian Troadec alors journaliste au *Télégramme*. Figure du régionalisme local, il est actuellement vice-président du Conseil régional en charge des langues de Bretagne. En Corse, le rédacteur en chef adjoint de *France 3 Corse ViaStella* était recherché dans les années 1980 comme membre du FLNC[2]. Ce dernier commente aujourd'hui, même sur les chaînes nationales, les actions du même FLNC[3].

Bretagne et Alsace sont les deux régions dans lesquelles le taux de pénétration de la PQR est le plus

---

1. MARTINETTI Joseph, « Jeunesse corse : une violente quête d'identité », *The Conversation*, 27 mars 2022.

2. « Pour vice de forme, Les mandats d'arrêt visant trois membres présumés de l'ex-FLNC sont annulés », *Le Monde*, 23 mars 1989.

3. Voir par exemple, « Le FLNC dépose les armes : "Une surprise au moment où on attendait plutôt une épreuve de force" », *Franceinfo*, 25 juin 2014.

élevé[1]. Son poids explique aussi la course à l'échalote régionaliste au sein du personnel politique.

Avec *France 3 Corse ViaStella*, on touche également au monde de la télévision locale. En 2016, *France 3 Bretagne* diffuse deux documentaires très orientés *Berlin, Vichy, Bretagne* et *Les années FLB*[2]. On y trouve aussi des émissions comme cella portant sur l'idée d'une assemblée de Bretagne, arbitrée par le politologue proche des mouvements régionalistes Romain Pasquier… qui prône lui-même la création d'une Assemblée de Bretagne[3]. Reste que la tentative régionaliste la plus ambitieuse fut l'œuvre du privé. En l'occurrence de Patrick Le Lay qui lance *TV Breizh* en 2000 avec l'aide et le soutien du maire de la ville de Lorient, où elle s'installe, Jean-Yves Le Drian. Patrick Le Lay disait : « Je ne suis pas français, je suis breton. Je suis nationaliste breton, c'est pourquoi je suis très bien pour diriger TF1, car je n'ai aucune idée préconçue[4]. » Il créera aussi le

1. Bien sûr il existe des médias d'opinion ethnorégionalistes. Les médias en ligne ne sont pas en reste. Notons en Bretagne le rôle de l'influent site *breizh-info.com*. En corse, le site et la radio *Alta Frequenza* jouent également un grand rôle. Leur activisme les rend centraux dans les réseaux locaux d'information.

2. « De la collaboration au FLB : deux documentaires d'Hubert Béasse », GRIB : Groupe Information Bretagne.

3. « Trois questions à Bertrand Rault, délégué régional de France 3 Bretagne », *clubpresse-bretagne.com*, 25 septembre 2015.

4. *L'Information agricole*, septembre 2004 ; voir « Patrick Le Lay, nationaliste breton », *Le GRIB*.

Club Érispoë et le Roazhon Park, où l'hymne national breton est distribué aux supporters. *TV Breizh* est un échec cuisant. La chaîne retransmet des programmes en breton pour les Bretons que boudent les Bretons… et finit par diffuser des téléfilms américains, en français pour la ménagère de moins de cinquante ans.

Si elle est visible et, disons-le, un peu extrême, l'action de Patrick Le Lay pour l'ethnorégionalisme breton n'est pas isolée. Il fit notamment partie de l'Institut Locarn, composé de patrons bretons ayant en particulier poussé le mouvement des bonnets rouges. En 2019, il est rebaptisé Keréden, signifiant, modestement, le village du paradis. Il fut fondé par Joseph Le Bihan, professeur à HEC, et Jean-Pierre Le Roch, créateur du groupe Intermarché[1]. « Inauguré en 1994 en présence d'Otto de Habsbourg – alors président de l'Union paneuropéenne internationale et proche de l'Opus Dei[2] », ce think tank vise à refonder l'Europe sur une base régionale. L'idée est également que l'État régulateur est un frein à la libre entreprise[3]. Comme le note Sébastien Carney, le lien entre

1. Sur Locarn, voir FOURNIS Yann, *Les régionalismes en Bretagne : la région et l'État (1950-2000)*, Bruxelles, PIE-Peter Lang, 2006, p. 226 et suivantes.

2. CARNEY Sébastien, « Les nationalistes bretons face aux projets européens, des années 1920 aux années 2000 : une stratégie de l'étau ? », *Histoire, économie & société*, 3, 2021, p. 51-52.

3. *Ibid.* et DIRKX Paul, *La concurrence ethnique. La Belgique, l'Europe et le néolibéralisme*, Bellecombe-en-Bauges, Éditions du Croquant, 2012.

éthnorégionalisme et libéralisme est « fort bien intégré par nombre de chefs d'entreprise et quelques médias, qui ont bien compris l'intérêt d'un néonationalisme dans lequel "le mot Breizh fait vendre[1]" et dont les effets questionnent le caractère "soft"[2] ».

Les structures telles que l'Institut de Locarn permettent également au patronat local de dévier le missile. Devant l'impossibilité d'expliquer l'action de la collectivité, l'État est perçu comme un bouc émissaire d'autant plus que souvent, par culture ou par volonté d'apaisement, il est muet. Les élus reprennent ainsi le discours et les revendications ethnorégionalistes, pour mieux s'épargner une réponse aux demandes sociales. Or, la moitié des salariés bretons gagne moins de 10 euros nets de l'heure, ce qui classe la Bretagne au nombre des six régions de France à la plus faible rémunération. Le point culminant de cette lâcheté est atteint lors de la crise dite des bonnets rouges. Locarn trouve dans le mouvement une façon de rediriger contre Paris le malaise créé par les pratiques du patronat local. Cela pousse trois historiens de la Bretagne Alain

1. Voir la couverture de *Bretons*, 148, décembre 2018. Cette revue à fort tirage s'est spécialisée dans les portraits d'entrepreneurs ou artistes dont la réussite tient à une bretonnité présentée comme assumée et non entravée par la France. Voir CARNEY Sébastien, « Un avatar du médiévalisme en Bretagne : le Moyen Âge dans le magazine Bretons (2005-2018) », BOUGET Hélène, COUMERT Magali (dir.), *Histoire des Bretagnes – 6. Quel Moyen Âge ? La recherche en question*, Brest, CRBC, 2019, p. 389-405.

2. CARNEY Sébastien, « Les nationalistes bretons face aux projets européens, des années 1920 aux années 2000 : une stratégie de l'étau ? », *Histoire, économie & société*, 3, 2021, p. 51-52.

Croix, André Lespagnol et Fañch Roudaut à réagir et à pointer l'opportunisme du patronat breton qui n'a pas vu venir la crise de son modèle et cherche à détourner la colère, « selon une recette éprouvée, ils tentent de détourner une profonde et légitime colère sociale vers “les autres”, tous les autres, mais pas eux. Avec la connivence de quelques élus[1]. »

L'Université est également un lieu de domination de la doctrine ethnorégionaliste. L'Université de Corte a choisi de baptiser du nom de Jean-Baptiste Acquaviva, un plastiqueur du FLNC « abattu lors d'une action », l'un des amphithéâtres de l'IUT. Malgré le boycott des représentants de l'État, l'Université a maintenu sa décision. Comme le note Jérôme Fourquet à propos de l'Université de Corte : « Cette université, qui accueille près de 4 000 étudiants, fait en effet figure de bastion des nationalistes, les syndicats étudiants présents sur le campus étant tous sans exception de cette sensibilité, tout comme une partie du corps enseignant[2]. » C'est là un élément classique de construction de l'ethnorégionalisme. En Écosse, l'Université de Glasgow joua un rôle important de conservation et d'élaboration idéologique, impulsant la structuration politique d'organisations dans les années 1920. C'est également à

1. CROIX Alain, LESPAGNOL André, ROUDAUT Fañch, « Non à la manipulation de l'Histoire ! », *Ouest-France*, 22 novembre 2013.

2. FOURQUET Jérôme, *La nouvelle question corse, nationalisme, clanisme, immigration*, Paris, L'Aube, 2017, p. 35.

travers l'Acadèmia de la Llengua Catalana que le mouvement catalan survit durant le franquisme. L'institution tend à unifier et normaliser la langue et l'histoire catalanes autour d'un récit national univoque et cohérent. Ce travail s'accompagne d'une édification politique dans le cadre de partis qui ont pour objectif de donner de la visibilité à la cause au cours des élections. Côté breton, c'est plus l'Institut culturel de Bretagne, réunissant les universitaires intéressés à la culture régionale, qui jouera ce rôle. Créé en 1977 par la charte culturelle de Bretagne, il est dominé, dès le départ, par les nationalistes se reproduisant par cooptation[1]. Il acquiert ainsi la capacité de distribuer des subventions, alors que les groupes proches de l'Institut de Locarn peuvent entrer dans le financement des recherches. Cela permet de pourvoir en postes, postdoctorats, publications et projets de recherche quelques centres universitaires régionaux bien identifiés au sein d'un milieu fermé. Cela permet également de financer une certaine propagande politique, y compris dans les écoles. Ainsi le 12 avril 2022, l'Institut annonce rééditer une carte de Bretagne, à cinq départements et en breton, à destination des salles de classe de la région.

Ce poids de l'ethnorégionalisme à l'Université oriente profondément une recherche malade du

1. MORVAN Françoise, *Le Monde comme si*, Paris, Actes Sud, 2005, p. 118.

manque de financements. Les sujets locaux ne sont par ailleurs guère vendeurs dans la perspective d'un recrutement alors que les postes se font rares. Ainsi assiste-t-on à une surreprésentation de la pensée militante. On peut, sur les débats récents, relever l'organisation les 12 et 13 septembre 2019 de journées d'étude sur « les collectivités à statut particulier : les enjeux de la différenciation ». Elles ont eu lieu à Corte sous les auspices de la collectivité de Corse, et furent introduites par ses représentants. Le colloque réunit une majorité de chercheurs acquis à la cause. Comme le note Sébastien Carney, « à de rares exceptions près, les histoires du mouvement breton sont le fait de ses acteurs ou de ses sympathisants. Tous visent ainsi à la justification des actions menées, à la réhabilitation, voire à l'édification des jeunes militants par des récits épiques et parfois fantaisistes[1]. » Dans les années 2000, le déni institutionnalisé de la collaboration commence à faire parler de lui, y compris dans la presse nationale. Cela exaspère les universitaires bretons. C'est notamment le cas de Michel Denis, directeur du département de celtique, vice-président du Conseil culturel et de l'Institut culturel. Il préside également le comité de soutien de la liste de l'UDB en Ille-et-Vilaine. Invité par *Armor Magazine* à sélectionner trois noms parmi les Bretons les plus méritants, il avait distingué deux terroristes

1. CARNEY Sébastien, « Le mouvement breton au miroir de son historiographie », *Annales de Bretagne et des Pays de l'Ouest*, 123/2, 2016, p. 83.

de l'ARB[1]. Il organise le « colloque de Brest réputé mettre un terme à la querelle cherchée par la "presse parisienne" au mouvement breton[2] ». Le fascisme y est condamné et les ethnorégionalistes exemptés. Il est surtout implicitement demandé à chacun de clore le débat.

Ce qui vaut pour l'histoire vaut également pour les autres sciences sociales, notamment les départements de sciences politiques dont on a dit l'orientation. Et le phénomène est le même en dehors de Bretagne. En Alsace, le professeur Pierre Zind contribue au renouveau du régionalisme alsacien avec sa *Brève histoire de l'Alsace*[3] et *Alsace-Lorraine : une nation interdite*[4]. Le caractère très biaisé des ouvrages, se présentant comme scientifiques, mais entonnant des odes à l'ethnorégionalisme alsacien, est souligné par la presse et les collègues. Toutefois, ce n'est qu'après sa présence dans le jury de thèse d'Henri Rocques, travail aux accents négationnistes, que l'université le contraint à faire valoir ses droits à la retraite.

1. *Ras l'front*, 86, 2002, p. 22.
2. CARNEY Sébastien, « Le mouvement breton au miroir de son historiographie », *Annales de Bretagne et des Pays de l'Ouest*, 123/2, 2016, p. 83.
3. ZIND Pierre, *Brève Histoire de l'Alsace*, Paris, Albatros, 1977.
4. ZIND Pierre, *Alsace-Lorraine, Elsass-Lothringen, une nation interdite 1870-1940*, Paris, Copernic, 1979.

V

La domination de l'espace politique

Nous sommes le 7 mai 2021 et la campagne bat son plein en Bretagne. Le politologue Romain Pasquier, qui assume une ligne régionaliste bien campée[1], et l'activiste Twitter Ronan Le Flécher, auditionnent l'ensemble des candidats sur YouTube. Le débat, auquel tous les prétendants répondront présents, durera une heure et demie. C'est le « Grand Débat BZH[2] ». Dans un sondage IPSOS pour *France Info* paru le 9 mai, « Une politique identitaire régionale, basée sur les langues et spécificités de ma région » n'est une priorité que pour 12 % des électeurs bretons. Pourtant, l'ensemble des candidats se sentent obligés de répondre aux questions, comme pour passer une audition. Toutefois, ce qui est choquant et révélateur dans ce débat n'est pas son existence, après tout pourquoi pas, mais sa mise en scène. Nos deux intervieweurs sont en effet installés confortablement

1. Il a lancé avec l'élu régionaliste Daniel Cueff le blog *laregionalisation-bretagne.fr*.
2. Disponible sur YouTube : « Vivez le grand débat BZH en direct ! »

dans un large sofa en cuir rouge. En face d'eux, les candidats bien serrés en rang d'oignons. Ils sont perchés, sur des chaises de bar hautes. Sans support pour leurs notes, ils doivent se contorsionner pour saisir la petite bouteille d'eau à leur pied. Le message est clair, le pouvoir est du côté du canapé rouge, la vulnérabilité, de celui des candidats toisés par leurs juges. Dans un débat national, une telle configuration d'interview n'aurait jamais été acceptée. Elle est en effet dégradante pour les élus. Pourtant, ici, personne ne moufte. Comment en est-on arrivé à une pareille soumission ? Non seulement les ethnorégionalistes ont réussi à se faire passer pour le peuple, mais ils ont su profondément influencer les politiques publiques.

Les ventriloques du Peuple

Le peuple est dominé par Paris, il a oublié ce qu'il est, et seuls les ethnorégionalistes s'en souviennent. La démocratie est donc un instrument utile, mais dont l'usage ne peut être qu'opportuniste. Pour le reste, il convient de se faire la voix légitime de ce peuple jusqu'à parvenir à une société communautariste où il sera enfin libre de se retrouver lui-même.

Instrumentaliser la démocratie

En 2009, à la suite d'un accord entre Parti populaire et PSOE au Pays basque espagnol se produit une alternance, après 29 ans de gouvernement du PNV. Ce dernier juge alors la nouvelle majorité illégitime[1]. Elle ne peut vraiment représenter le peuple basque, qui ne peut être que nationaliste. L'ethnorégionalisme est, comme nous l'avons vu, un essentialisme. Les peuples corse, breton, alsacien, franc-comtois, ne peuvent voter qu'en vertu de leur essence. On retrouve déjà cette idée chez Maurras. Les référendums locaux sont notamment une façon de faire pièce au pays légal, mais encore faut-il que le pays réel ne soit pas manipulé et perverti[2]. Il ne peut souhaiter que le statut particulier, la cooficialité de la langue, l'autonomie, l'indépendance… S'il répond non, c'est la faute de Paris. S'il répond non, c'est que le peuple est aliéné. Si le résultat est négatif, cela montre que le peuple est manipulé. Les ethnorégionalistes ont donc raison.

1. DE TAILLAC Mathieu, « Pays basque : les nationalistes reprennent la main », *Le Figaro*, 20 octobre 2012 p. 7.

2. « Dégrèvements compensés par l'économie du personnel inutile ; décentralisation des services publics sur la base de la région ; extension des pouvoirs des assemblées locales ; référendum pour toutes les questions importantes ; liberté d'association ; développement et affranchissement de toutes les initiatives privées. Quoiqu'un peu vague, sauf sur le point que j'ai souligné, c'est là un programme assez bon. » MAURRAS Charles, *L'idée de la décentralisation*, Paris, Service de publication de l'Action française, Paris, 1919 (rééd. 1898), *op. cit.*, p. 18.

Si, au contraire, le résultat est positif, cela témoigne bien du fait qu'il y a un peuple qui veut s'inscrire en marge de l'unité nationale. Les ethnorégionalistes ont donc raison. Bref, à tous les coups on gagne.

La stratégie est efficace. Durant le référendum du 10 juillet 2010, une autonomie accrue est rejetée par 79,31 % des Martiniquais et 70,2 % des Guyanais. Pourtant, lorsque Sébastien Lecornu prétend, en pleine crise en Guadeloupe, trouver une solution aux problèmes de l'île, c'est à nouveau l'autonomie qu'il avance comme solution. Certes, la Guadeloupe n'a pas voté, mais se rendant en Martinique, en novembre 2021, il apporte la même réponse. De passage en Guyane en octobre de la même année, Jean-Luc Mélenchon évoque également l'autonomie de cette dernière, telle une évidente demande populaire. Visiblement, les revendications identitaires des élus locaux et des ethnorégionalistes valent, pour le gouvernement comme pour l'opposition, bien plus qu'un non à 80 % obtenu par référendum. L'autonomie a néanmoins une connotation paradoxale outre-mer. Elle tend à renvoyer les élus locaux vers leur mauvaise gestion des compétences qu'ils ont pourtant réclamées. Ce faisant, les élus ethnorégionalistes se retrouvent pris à leur propre piège par un État néolibéral bien heureux de ne pas répondre aux revendications de meilleurs services publics. De l'autre côté, ces mêmes élus sont libres d'allitérer au niveau local sur l'abandon délibéré des territoires ultramarins par le pouvoir central. Fort de ce paysage politique enclin au laisser-faire autonomiste, les élus guyanais réunis en congrès le 26 mars 2022, ont voulu acter, à l'instar des modèles corses et alsaciens, un processus d'autonomie sans consultation populaire. Avant cela, le congrès des élus du 18 décembre 2019 avait déjà été le théâtre d'une passe d'armes sur la constitution d'un corps électoral restreint, à la calédonienne, en cas de consultation populaire en Guyane.

Quand le peuple vote mal, il ne faut donc pas l'écouter. 51 % des Corses, en 2003, avaient voté contre la fusion des départements et de la région au sein d'une collectivité unique. Ils avaient fait preuve de courage, tant le « Oui » était porté par une bonne partie des politiques locaux et nationaux. À la suite de cette défaite, la pression des nationalistes sur les élus oblige ces derniers à s'aligner, avec le succès que l'on connaît. Ils font dès lors un lobbying intense auprès du gouvernement. Ainsi, en 2015, par voie d'amendements, dans le cadre de la loi NOTRe, la volonté des Corses est foulée aux pieds. Ce contre quoi ils se sont prononcés est introduit dans la loi. De même en 2013, le référendum pour la création d'une collectivité fusionnant les deux départements alsaciens est un échec. Le quorum n'est pas atteint et 55,74 % des habitants du Haut-Rhin rejettent la proposition. Qu'importe pour les élus locaux qui ne reconnaissent aucune portée à un résultat obtenu auprès d'Alsaciens ayant mal voté, évidemment pour les mauvaises raisons. Si, en Corse, il convient de se tourner vers le

Parti radical de gauche, c'est le parti Les Républicains qui, en Alsace, pousse à trahir la volonté démocratique. Ainsi les élus locaux parviennent-ils à un accord avec le gouvernement pour que soit votée, en 2019, la loi relative à la création de la Collectivité européenne d'Alsace.

Il faut toutefois noter que le procédé n'est pas propre à la France. En Grande-Bretagne, en 1979, eut lieu le premier référendum sur la *devolution*. En Écosse, 33 % des électeurs votèrent pour et 31 % contre, mais le seuil de participation ne fut pas atteint. Au Pays de Galles, le non l'emporte à 79,8 % des suffrages exprimés, avec une participation de 59 % des inscrits. À force de bruit des ethnorégionalistes, dénonçant un peuple enchaîné, et de lâcheté de la classe politique britannique, un nouveau référendum fut organisé en 1997. Avec le soutien du Labour, et toute la communication du fringant gouvernement Blair, le résultat apparaît acquis. Si le travail idéologique de fond fut fait en Écosse, au Pays de Galles la *devolution* ne fut acceptée qu'avec 50,3 % des suffrages exprimés, soit 6 721 voix d'écart. Au moins quand les Britanniques jugent que le peuple s'est trompé, ils organisent un nouveau vote. En France, on préfère les amendements de nuit au Parlement.

Une fois le nouveau statut obtenu, un double message est envoyé : d'abord les revendications des ethnorégionalistes sont non seulement légitimes, mais nécessaires puisqu'elles passeront de gré ou de force. Ensuite, il n'est pas utile de se mobiliser contre, car, au bout du compte, elles aboutiront. Voilà comment le statut du Pays de Galles, décroché à quelques voix en 1997 et 50 % de participation, est renforcé en 2011 après un autre référendum approuvé à 63,49 % des voix, mais 35,63 % de participation. C'est un point crucial, cela explique aussi que le quorum soit l'un des principaux ennemis des ethnorégionalistes. *A priori*, au vu de l'importance de la consultation, il peut sembler normal qu'un seuil minimum de votants soit requis. Mais la stratégie de démobilisation ne peut alors fonctionner. Il faut que la minorité active puisse décider fusion et changement des cartes en profitant de l'apathie et de la résignation de la majorité. Le quorum est ainsi l'adversaire tant pour l'ancien garde des Sceaux Jean-Jacques Urvoas[1], tirant en la matière cyniquement les leçons du référendum alsacien de 2013, que pour le député Paul Molac. Celui-ci a, à ce sujet, déposé une proposition de loi le 10 avril 2014.

Pour que le peuple vote bien, il est de nécessaire de l'assommer de propagande et donc de tenir les rênes de la collectivité. À défaut, il faut convaincre ceux qui sont aux manettes d'user d'une rhétorique similaire aux ethnorégionalistes. À dessein c'est une vraie boîte à outils qu'ont mis en place ces formations. On y trouve même des think tanks dédiés comme le Breizh Civic Lab, qui prétend redonner la parole aux

1. URVOAS Jean-Jacques, *Pour une assemblée de Bretagne, Manifeste pour une mutation institutionnelle*, Paris, Dialogues, 2014.

Bretons[1]. L'objectif est toujours le même : montrer que les régionalistes sont en réalité la voix du peuple. Il convient de se substituer à ce dernier quand l'on n'emporte pas les élections en faisant le plus de bruit possible. Cela passe par une habile stratégie de mise à l'agenda. L'enquête IPSOS pour *France Info* parue le 9 mai, déjà citée, montre qu'une politique régionale identitaire spécifique n'est pas une priorité. Cela n'empêchera pas la campagne des régionales de 2021 de tourner autour du statut du résident breton, l'Assemblée de Bretagne, le rattachement de la Loire-Atlantique à la Bretagne, et la diffusion du néo-breton dans l'enseignement… De même, en 2012, les formations nationalistes dominent le discours politique au Pays basque espagnol alors que selon un sondage du quotidien *El Correo*, l'indépendance serait la septième priorité des Basques, derrière le chômage, l'économie, la santé[2]… Si les ethnorégionalistes ne sont pas parvenus à convaincre le peuple de leurs thèses, ils ont fait beaucoup mieux. Ils ont persuadé les politiques qu'ils étaient le peuple.

La commande de sondages, aux résultats étonnants, pour ne pas dire orientés, est l'une des premières tactiques. Ainsi, en 2005, en Alsace, l'Institut du droit local fait réaliser une étude par le cabinet Iserco. Michel Seelig, qui a pu avoir accès aux détails de

---

1. DURAND Robin, « Breizh Civic Lab : redonner la parole aux Bretons », *France 3*.

2. DE TAILLAC Mathieu, « Pays basque : les nationalistes reprennent la main », *Le Figaro*, 20 octobre 2012, p. 7.

l'enquête, note que « 99 % des sondés considéraient le Concordat comme un avantage plus qu'un inconvénient. Curieusement, à une autre question, 83 % seulement disaient connaître l'existence du Concordat... Par ailleurs, 92 % se disaient favorables à l'enseignement religieux à l'École[1]. » Étonnamment, une étude IFOP du 6 avril 2021 montre que 52 % des Alsaciens-Mosellans sont favorables à l'abrogation du Concordat. En Bretagne, un sondage de l'Institut TMO de juillet 2019 pour l'association DIBAB en partenariat avec le Breizh Civic Lab donnerait une majorité de 61 % pour une collectivité unique en Bretagne. Dans tous les cas, il s'agit de mettre le sujet à l'agenda. Il faut donc expliquer que le peuple est d'accord et que même si les ethnorégionalistes ne gagnent pas les élections, leurs idées sont en fait majoritaires.

À défaut de sondages, les ethnorégionalistes sont très influents dans la société civile organisée, qui règne en maître sur les réseaux sociaux. Au regard de la composition de son corps militant, le mouvement ethnorégionaliste y est comme un poisson dans l'eau. Ainsi pratiquèrent-ils un « *name and shame* » et un harcèlement très actif des députés concernant le vote de la loi Molac relative aux langues régionales. Plus marquante encore, la réussite du petit groupe À la Bretonne est un exemple

1. SEELIG Michel, « Concordat » *Publictionnaire. Dictionnaire encyclopédique et critique des publics*. Mis en ligne le 24 juillet 2020. Dernière modification le 19 juillet 2021.

patent. À l'origine était l'association À la Nantaise, dont le président se fixe pour objectif d'empêcher un projet de nouveau stade baptisé « YelloPark ». La mobilisation est un succès et lui permet d'intégrer la majorité municipale sous les couleurs écologistes, obtenant le poste d'adjoint aux « enjeux bretons ». Le nouvel élu s'est en effet trouvé un autre combat, le rattachement de la Loire-Atlantique à la Bretagne. Seulement voilà, les Pays de la Loire sans la Loire-Atlantique, où se situe la capitale et qui en représente le poumon économique, cela paraît compliqué. Sauf si tous les habitants des Pays de la Loire détestent cette région ! En quelques semaines, c'est ainsi de nouvelles associations qui vont apparaître. « Unis pour un grand Val de Loire » ou « Décidons en Vendée » naissent subitement, se cotisant pour commander un sondage. Certes, les associations en question ne semblent avoir eu vraiment d'activité que sur les réseaux sociaux, et simplement de la mi-mars à la fin mai 2021. Elles ont tout de même permis de justifier le financement d'une enquête sur le sujet et de faire pression sur les élus en plein scrutin régional.

Il convient également de noter le goût pour la consultation de ses propres troupes. Ainsi, tout juste créée, la Collectivité européenne d'Alsace se rêve similaire à la Collectivité de Corse. Pour ça, il lui faut sortir du Grand Est. Frédéric Bierry, son président, annonce donc une consultation. Dans cette dernière, il n'y a pas vraiment de règles. Non seulement il semble possible de voter plusieurs fois[1], mais, par ailleurs, l'accès à la consultation est accompagné d'un petit argumentaire ainsi que d'une vidéo. Frédéric Bierry y explique combien une collectivité à statut particulier s'impose. Si besoin encore, pour être persuadé que c'est là le choix qui doit primer, des « points d'information » sont mis à disposition. Quant à Unser Land, elle fera campagne, non pour que le « Oui » l'emporte, c'est acquis puisque ne voteront que des convaincus, mais pour que le maximum de participation soit atteint. Au bout du compte le « Oui » l'emportera sans surprise à 92 % mais l'opération ne réunira que 154 000 votants, soit 8 % des Alsaciens les plus convaincus. Une sorte de sondage Twitter aux frais du contribuable pour faire pression sur le gouvernement…

Communautariser la société

En tenant en main les collectivités et en gagnant la bataille culturelle, l'ethnorégionalisme finit par s'imposer. Ainsi, entre 2010 et 2021, le score des nationalistes corses est passé au premier tour de 27,76 % à 57,70 % des voix. La Corse n'est peut-être pas un exemple isolé. À force de battage médiatique, un sondage IFOP du 7 janvier 2020 indiquait que 57 % des électeurs

1. GÉRARD Jean-François, « Sortie du Grand Est : le plébiscite attendu s'est produit, la compétition électorale débute », *Rue89 Strasbourg*, 21 février 2022.

alsaciens pourraient voter pour un parti régionaliste promettant un statut particulier. Mais pour créer une adhésion, l'hégémonie culturelle ne suffit pas. Il faut également limiter les sources d'influence externe, ce qui nécessite une vraie communautarisation de la société.

Comme l'avance le député Paul Molac, il s'agit pour les ethnorégionalistes de ne pas confondre citoyenneté et nationalité. Ce dernier se dit ainsi de nationalité bretonne[1], même s'il demeure citoyen français. Il existerait donc en Bretagne des citoyens, non nationaux bretons, qui disposeraient de droits, mais ne seraient pas des compatriotes. On n'est pas loin des « citoyens de papier » pointés par certains, en parlant des Français originaires de l'immigration. Des droits supplémentaires seraient-ils attachés à cette nationalité ? Les propositions relatives au statut du résident portées par les nationalistes corses et bretons montrent que ce serait probablement le cas. En 2005, au Pays basque espagnol, l'idée de droits différents fut également avancée dans le cadre du plan Ibarretxe. Ainsi, un responsable du PNV explique : « Il y a les Basques et les simples citoyens basques[2]. » Les conditions d'accès à la nationalité basque devraient dépendre du Parlement basque. Sans vouloir jouer la régression aux années 1930, quoique pour le coup le parallèle soit pertinent, cela rappelle au moins

1. MOLAC Paul, « Il faut dépasser le cadre des États-nations », *Le Peuple Breton*, 11 janvier 2018.

2. ARMENGAUD Jean-Hébert, « La main basse nationaliste sur l'identité basque », *Libération*, 26 mars 2005.

fortement le Liban. D'ailleurs, l'ancien garde des Sceaux Jean-Jacques Urvoas n'hésite pas à proposer pour la Bretagne une organisation territoriale à la libanaise. Au Liban, le président est toujours chrétien maronite, le premier ministre musulman sunnite et le président de la chambre musulman chiite. Dans la Bretagne de Jean-Jacques Urvoas, « le président de l'organe délibératif et le président de l'organe exécutif représentent l'un la Bretagne occidentale, l'autre la Bretagne orientale[1] ». Comme on l'a vu, la Bretagne occidentale est la zone celtique, bretonnante, alors que la zone orientale est la zone latine, parlant gallo. Drôle d'utopie de la part d'un homme qui sera, malgré ce projet, nommé ministre de la Justice par François Hollande. Il faut dire qu'il succède à ce poste à l'ancienne indépendantiste guyanaise Christiane Taubira. Mais n'oublions pas que c'est, là encore, une vision qui ouvre au monde !

Dans la distinction entre nationalité et citoyenneté réside le rêve de communautés holistes séparées. Cette vision n'est pas le fruit d'une idéologie désincarnée. Elle est déjà une réalité. On a vu combien la langue pouvait permettre de bâtir et cloisonner les univers mentaux et sociaux. La manière dont, à dessein, elle était reconstruite et instrumentalisée par les militants. Pierre Bourdieu et Luc Boltanski notent : « On

1. URVOAS Jean-Jacques, *Pour une assemblée de Bretagne, Manifeste pour une mutation institutionnelle*, Paris, Dialogues, 2014, p. 36.

comprend que les débats en apparence les plus futiles sur la langue mobilisent tant d'énergie et de passions. Il suffit de recenser le nombre des univers où le bon usage constitue le droit d'entrée tacite pour apercevoir que le pouvoir sur la langue est sans doute une des dimensions les plus importantes du pouvoir[1]. » La dualité linguistique a ainsi créé deux sociétés parallèles en Belgique[2]. Il faut, sur ce point, également lire les lignes de Hélène Dewaele Valderrábano sur la Catalogne : « En effet, cette politique s'est appliquée en deux temps. Expression d'une forte identité nationale et instrument de cohésion sociale, la loi de 1983 avait pour objectif de protéger une langue qui avait été brimée par la dictature franquiste et de nationaliser les hispanophones qui ne se sentaient pas d'affinités avec la culture catalane. Elle a notamment permis de créer des médias audiovisuels locaux, notamment *TV3*, nouvelle chaîne de la compagnie publique espagnole *RTVE* (*Radio Televisión Española*). Le second volet de la Loi de normalisation linguistique du 7 janvier 1998 a été plus radical : elle s'inscrit dans le contexte d'une arrivée massive de travailleurs immigrés en Catalogne et elle obligeait, par exemple, les commerçants à ne plus afficher d'annonces en espagnol sous peine d'amende[3]. »

1. BOURDIEU Pierre, BOLTANSKI Luc, « Le fétichisme de la langue », *Actes de la recherche en sciences sociales*. 4/1, 1975. p. 12.

2. DIECKHOFF Alain, *La Nation dans tous ses états*, Paris, Flammarion, 2000.

3. DEWAELE VALDERRÁBANO Hélène, « Le nationalisme catalan et l'enjeu européen aux XXe-XXIe siècles », *Histoire, économie & société*, 3, 2021, p. 93.

Nous n'en sommes pas encore là, mais l'objectif est clairement exposé par ceux qui prennent la Catalogne ou la Flandre en exemples. En attendant, il faut donner à voir une société clivée par la langue. Le bilinguisme, mis en avant partout sur le document officiel comme les livrets de famille, permet d'imposer le récit, en Bretagne, Alsace ou Corse, de communautés ne parlant pas le même langage. Les documents doivent donc être édités en deux versions pour être compris. Il en va de même des médias qui devraient diffuser à parité des programmes en français et langues régionales. Évidemment, cela ne relève pas de la réalité. Tous les Alsaciens, Corses, Basques ou Bretons peuvent saisir la partie des émissions en français alors que l'autre n'est accessible qu'aux *happy few* de l'identité. Mais l'objectif transitoire est atteint.

Il faut faire un constat ; cette politique semble fonctionner. Jérôme Fourquet, dans son ouvrage *L'Archipel français*, consacre ainsi un chapitre aux prénoms régionaux, avant celui sur les prénoms issus de l'immigration arabo-musulmane, qui a pourtant fait bien plus de bruit[1]. Loin d'être la manifestation d'une identité tranquille, la hausse du nombre de prénoms régionaux se couple à des moments de forte hausse des tensions ethnorégionalistes. Si, en Bretagne, le taux de prénoms se stabilise entre 10 et 15 %, il touche l'ensemble du territoire. Des prénoms en breton sont donnés en

1. FOURQUET Jérôme, *L'archipel français*, Paris, Points, coll. « essais », 2020, p. 176-184.

zone gallo comme expression d'un attachement identitaire. En Corse, on note une hausse brutale à partir des années 2000, montant de 5 % à 20 % en quelques années. L'auteur note par ailleurs le poids important des prénoms d'origine arabo-musulmane, révélant une société corse qui se communautarise entre demandes culturelles issues de l'immigration et revendications ethnorégionalistes. Il fait, en outre, un lien direct entre montée des nationalistes et expansion du nombre de prénoms corses. Au contraire du discours sur les identités multiples, le propos ethnorégionaliste met en avant l'exclusivisme communautaire. Repris par les collectivités, il conduit de plus en plus nos concitoyens, dans certaines régions, à se penser comme extérieurs à la communauté nationale. Ainsi, en 2002, 88 % des Corses se sentent corses, 41 % rejettent l'identité française[1]. L'idée d'une double appartenance n'est donc pas du tout évidente. Le taux d'Alsaciens s'affirmant en premier lieu alsaciens avant d'être français a crû de 17,3 % en 1985 à 26 % en 2000 d'après les enquêtes de l'Observatoire international du politique[2]. En Bretagne, on passe de 19,2 % en 1990 à 30,7 % en 2000 de personnes se déclarant d'abord bretonnes selon les mêmes enquêtes. Un sondage TMO de 2019[3] montre que ce

1. Institut de Sociolingüística Catalana, « Corsican Language use Survey », *Euromosaic*, Barcelone, 2002.

2. Consultable sur le site du centre des données sociopolitique de Sciences Po.

3. Région Bretagne, *Sondage d'opinion auprès des Bretons sur la citoyenneté européenne et le sentiment d'appartenance à l'Europe*, TMO régions, décembre 2019.

taux est actuellement de 38 %, contre 32 % se disant d'abord français et 20 % ne hiérarchisant pas les deux communautés d'appartenance. De même, après la *devolution*, le taux d'Écossais se considérant écossais mais pas britanniques grimpe de 19,2 % en 1992 à 31,5 % en 1997 puis 36,9 % en 2000. Au Pays de Galles, on passe de 13,2 % avant le référendum en 1997 à 23,3 % en 2001[1]. Dans tous les cas, on note une corrélation entre la montée en puissance de ces collectivités, le développement de politiques publiques identitaires et un sentiment d'exclusivité opposant identité locale et identité nationale.

L'ALIGNEMENT DE L'ENSEMBLE DU CHAMP POLITIQUE

La principale force de l'ethnorégionalisme est son opportunisme et sa dextérité. S'il est inflexible sur l'essentialisme qu'il prétend imposer, il sait se montrer très souple sur le reste de ses idées ainsi que sur ses alliances. Cela lui permet d'influencer en profondeur les politiques publiques, laissant les collectivités territoriales et l'État réaliser son programme et faire sa propagande.

1. SCHRIJVER Frans, *Regionalism after regionalization: Spain, France and the United Kingdom*, *op. cit.*, p. 277.

L'opportunisme des grands partis

Pour beaucoup, les ethnorégionalistes de droite sont, actuellement, des dinosaures. Ainsi le Parti breton n'a, à son grand désespoir, jamais réussi à intégrer cette Rolls-Royce de l'ethnorégionalisme qu'est Régions et peuples solidaires. Être régionaliste, c'est aujourd'hui essentiellement s'affirmer de gauche. Jadis, comme on l'a vu, c'était surtout Maurras qui était à l'honneur. Mais depuis 1945, assumer un tel héritage fait mauvais genre. Ces organisations l'ont bien compris et, à partir des années 1960, elles sont passées, avec armes et bagages, de l'extrême droite à la gauche. Elles conservent la même interprétation du nationalisme, mais ont troqué le catholicisme pour la collectivisation des moyens de production puis l'écologie. Les années 1960 connaissent ainsi un fort renouvellement de ces formations où se recycle une bonne partie du vieux mouvement militant. En 1963 est créé Enbata au Pays basque, dissous en 1964 pour ses liens avec l'ETA. Un an plus tard émerge l'Union démocratique bretonne, qui deviendra le principal parti ethnorégionaliste dans la région. En 1967, l'Action régionaliste corse s'inscrit aussi dans une idéologie socialiste que reprendra en 1976 le FLNC. Il n'y a guère qu'en Alsace où le champ ethnorégionaliste reste structurellement tenu par l'extrême droite, avant de tenter de se normaliser avec la naissance d'Unser Land en 2009.

Le mouvement régionaliste breton est, à ce titre, sinon le plus intéressant, au moins celui dont l'évolution est la plus facile à retracer. Il faut pour cela en revenir à Yann Fouéré. On a déjà rencontré ce personnage, auteur de *L'Europe des cent drapeaux*[1] proposant un continent redécoupé sur des bases ethniques. Il dirige aussi de 1941 à 1945 le quotidien *La Bretagne*, ouvertement collaborationniste et antisémite. Yann Fouéré donc, est de retour en France en 1955 après une longue échappée en terre d'Irlande. Il participe à la création du Mouvement pour l'organisation de la Bretagne (MOB), qui doit permettre de recoller les morceaux entre militants bretons compromis avec l'occupant et anciens résistants. On y trouve néanmoins beaucoup de membres de l'ancien PNB (parti collaborationniste) et de partisans de l'Algérie française[2]. On y rencontre aussi des militants tiers-mondistes, faisant du mouvement une drôle de synthèse.

En 1964, l'Union démocratique bretonne naît d'une scission du MOB, puis, en 1972, une autre formation en émerge : Strollad ar Vro. On a tendance à considérer la première comme l'héritière de gauche du MOB, après ce grand moment de fusion des consciences alliant Maurras et Trotski. En réalité, les choses sont plus complexes et les parcours militants révèlent comment certains individus évoluent de

1. Fouéré Yann, *L'Europe des cent drapeaux*, *op.cit.*
2. Nicolas Michel., *Histoire du mouvement breton*, Paris, Syros, 1982

l'extrême droite à la gauche anticapitaliste en passant par le centrisme chrétien fédéraliste. Il est vrai que la scission du mouvement est liée à des oppositions sur la ligne. L'une des raisons de la rupture est notamment le refus du MOB de condamner les attentats de l'OAS. Selon Françoise Morvan, les fondateurs de l'UDB Jean-Yves Veillard et Ronan Leprohon, collaboraient à *Ar Vro* et à *L'Avenir de la Bretagne*. Ces deux titres sont dans la lignée du PNB ; le second est fondé par Fouéré[1]. Ce dernier donne son appui à l'autre parti issu du MOB, Strollad ar Vro. Il est créé en 1972 sur une ligne fédéraliste européenne, rejetant les antagonismes de classes. On ne peut toutefois pas parler de jambe droite du mouvement breton. En 1975, il s'associe à d'autres partis pour fonder le Front socialiste autogestionnaire breton avant de soutenir François Mitterrand en 1981. C'est donc l'ensemble de l'héritage politique de Fouéré qui est passé à gauche dans les années 1970.

Par ailleurs, à cette époque, le degré de porosité entre l'Union démocratique bretonne en particulier et le Parti socialiste est très fort. Ronan Leprohon adhère au PS. Jean-Yves Le Drian hésite pour sa part entre le socialisme et l'UDB[2], à un moment où le parti est marqué par l'arrivée de militants de formation

1. MORVAN Françoise, *Le Monde comme si*, Paris, Actes Sud, 2005, p. 266.
2. RAYNAUDON-KERZERHO Maïwenn, « L'Union démocratique bretonne : un demi-siècle de lutte pour l'autonomie », *Bretons*, 96, 2014, p. 38.

marxiste qui y importent une culture du conflit social et de l'entrisme.

Dans les années 1980-1990, la lutte des classes est moins mobilisatrice, mais la thématique écologiste s'impose. Vu de manière positive par essence, le combat environnementaliste renvoie par ailleurs à une lutte pour la conservation d'un patrimoine naturel pouvant également rejoindre des marqueurs identitaires. Dans l'exaltation des paysages de Bretagne sous la plume de Le Boulanger[1], on retrouve le même romantisme qui marquait les débuts de l'ethnorégionalisme au XIXe – les panoramas de Bretagne incarnent l'ouverture au monde. L'avantage d'un arbre ou d'un rocher, c'est qu'on peut lui faire dire ce que l'on veut. En épousant l'écologie, le mouvement se redonne les moyens d'une captation de références plus large et opportuniste. La nouvelle égérie des régionalistes, jugés « de gauche » et ouverts sur le monde, est ainsi l'historien amateur monarchiste Lorànt Deutsch, qui revisite dans son dernier ouvrage le roman national breton[2].

Si l'exemple breton est emblématique, il n'est pas isolé. Paradoxalement, en Corse, comme le note Daniel Bermond, « la logistique des premiers attentats repose sur des hommes formés dans les rangs de l'Algérie française[3] ». Cela n'empêchera pas le courant

1. LE BOULANGER Jean-Michel, *Manifeste pour une France de la diversité*, Paris, Dialogues, 2016.

2. DEUTSCH Lorànt, *Metrobreizh*, Paris, Michel Lafon, 2021.

3. BERMOND Daniel, « L'honneur perdu des nationalistes », *L'Histoire*, 244, 2000, p. 50.

nationaliste de se structurer à la fois en mouvement révolutionnaire et hostile aux pieds-noirs. Selon les anciens cadres du FLNC, Jean-Michel Rossi et François Santoni, une bonne partie du courant séparatiste serait partie dans une dérive mafieuse et en lien avec l'extrême droite[1]. Évidemment, il s'agit là d'une calomnie parisienne de la part d'un FLNC dont chacun sait le tropisme jacobin. Si les nationalistes corses aiment à se montrer proches de la gauche et font liste commune avec EELV aux élections nationales, leur électorat balance plutôt vers l'extrême droite[2].

En Alsace, en 2009, naît Unser Land, pour qui l'on a vu que le rapport à la mémoire pouvait être ambigu. L'émergence du mouvement résulte du rapprochement entre l'Union du peuple alsacien et un réseau de jeunes Fer's Elsass. Il se présente comme centriste bon teint. Sa présidente, Andrée Munchenbach, a commencé sa carrière au sein des Verts avant de passer au Modem, puis de revenir chez les Verts et enfin de siéger avec la majorité municipale UDI à Schiltigheim. Pendant ce temps, dans les manifestations autonomistes sont repris en chœur les bons vieux slogans « Elsass frei » (Alsace libre) ou « Alsaciens, avec ou sans la France »[3].

---

1. ROSSI Jean-Michel, SANTONI François, *Pour solde de tout compte*, Denoël, 2000,

2. FOURQUET Jérôme, *La nouvelle question corse, nationalisme, clanisme, immigration*, Paris, l'Aube, 2017, p. 79-89.

3. GRUBER Marc, « Qui sont les membres de "Unser Land", parti régionaliste alsacien ? », *Rue89*, 10 octobre 2014.

Si les partis ethnorégionalistes ont pu faire preuve d'une telle dextérité, ce n'est pas par manque de convictions, mais par hiérarchisation des priorités. L'ethnorégionalisme est tenu par un héritage qui en structure le rapport au monde. Il est une force qui naît au XIXe siècle, reposant sur une vision conservatrice de la région comme cadre d'existence d'un peuple dont l'identité est antagoniste à celle de la nation. Ce logiciel peut être stratégiquement minimisé mais demeure central car ses sources, plus culturelles que programmatiques, sont empreintes de cette idéologie. Aussi l'ethnorégionalisme n'est-il pas fasciste. Il n'est pas non plus écologiste. Il n'est ni de droite ni de gauche. À vrai dire, il peut être tout cela si une opportunité historique se présente et suppose pour lui d'épouser ces causes. Si l'indépendance de la région et la défense de la culture élaborée dans un contexte militant impliquent de protéger la nature ou de socialiser les moyens de production, eh bien soit. Il reste toujours des formations résiduelles incarnant une autre lecture de la lutte régionaliste, mais la sélection naturelle entre partis opère. Pour les militants souhaitant d'abord s'engager dans le combat pour le roman régional, la structure politique la plus attractive est celle qui est la plus dans l'air du temps.

Cependant, la situation politique française n'est pas facile pour ces partis. À l'étranger, leur développement est généralement lié à l'émergence d'un dirigeant charismatique. Ce fut le cas d'Umberto Bossi en Italie ou d'Alex Salmond en Écosse. En France, au-delà des qualités personnelles des chefs des mouvements en question, la majeure partie des électeurs s'intéresse assez peu aux affaires régionales. La capacité à donner de la visibilité à un leader est donc limitée. Le scrutin majoritaire à deux tours aux élections législatives et départementales, ainsi que la proportionnelle à deux tours aux élections régionales constituent en outre une difficulté supplémentaire pour des partis souhaitant émerger[1]. En France, il faut donc pouvoir s'inscrire dans une stratégie d'alliance. C'est parfois le cas à droite, notamment au Pays basque, où le PNV est structurellement allié au RPR, puis à l'UMP et à LR. La République en marche représente par ailleurs un champ d'opportunité. Le parti est très peu organisé, ce qui favorise l'entrisme dont sont familières les formations ethnorégionalistes. Néanmoins, son hypercentralisation programmatique et le faible poids de la base en font un vaisseau d'élection plus que d'influence. On verra cependant aux régionales de 2021 Stéphane Péan, président du très actif Breizh Civic Lab, sur la liste LREM de Thierry Burlot.

Historiquement, c'est toutefois à l'extrême droite et à gauche que ces alliances furent les plus fréquentes. Le Front national n'y a pas été fermé dans le passé. Le parti de Jean-Marie le Pen reprenait alors les vieux codes de sa famille politique. Le défilé en l'honneur de Jeanne d'Arc, chaque 1er mai, fut ainsi parsemé de

1. KERNALEGENN Tudi, PASQUIER Romain, « Les régions contre l'État ? Capacité politique et fragmentation territoriale en Europe », *Droit et société*, 98/1, 2018, p. 71-89.

drapeaux régionaux dans la plus pure tradition maurrassienne. Le parti était proche d'Alsace d'abord de Jacques Cordonnier et Robert Spieler, ancien député frontiste. Avec la dédiabolisation du Rassemblement national, les étendards régionaux ont quitté les cortèges de la fête de Jeanne d'Arc. Ils se sont en revanche retrouvés de plus en plus nombreux dans les manifestations de gauche, jusqu'à les pavoiser pendant les défilés de 2019 contre la réforme des retraites. Ce passage de flambeau est assez troublant. Il est lié au noyautage de groupes militants qui, comme lors des gilets jaunes, savent être présents dans les défilés pour y faire exister leurs couleurs. Il est aussi corollaire à une définition assumée des stratégies d'alliance et à un entrisme de groupes ethnorégionalistes motivés. La chose est d'autant plus aisée que la base militante de la gauche s'étiole.

L'alliance avec Europe Écologie-Les Verts est notamment privilégiée. C'est le cas pour l'Union démocratique bretonne qui siège, grâce à ce cela, au Conseil régional dès 2004 et conquiert de nombreux sièges en 2021. Les liens demeurent toutefois forts avec le PS. Aux dernières régionales, le parti est ainsi partagé et des personnalités en vue, comme le député Paul Molac, ont fait le choix de soutenir la liste socialiste et même d'y figurer. Les idées de l'Union démocratique bretonne ont, sur les sujets régionaux et identitaires, été totalement reprises par les écologistes et ont en très grande partie influencé localement le Parti socialiste. Dans son livre, Jean-Jacques Urvoas fait référence au parti comme source d'inspiration[1]. Cet entrisme crée en outre des tensions. Ainsi, avant les régionales, le cabinet de Loïg Chesnais-Girard (président socialiste de la région Bretagne) a appelé le cabinet de Johanna Rolland (maire PS de Nantes). La plainte portait sur la candidature de l'élue nantaise Aziliz Gouez sur la liste EELV concurrente à la sienne.

Parfois l'idylle se confronte au réel. Malgré la capacité d'Europe Écologie-Les Verts à fermer les yeux sur ses alliés de Régions et peuples solidaires (le parti écologiste est allié avec eux aux européennes), sa position est inconfortable. Ce fut notamment le cas avec Unser Land juste avant les scrutins de 2010. Le secrétaire régional des écologistes témoigne alors : « On a

1. URVOAS Jean-Jacques, *Pour une assemblée de Bretagne, Manifeste pour une mutation institutionnelle*, Paris, Dialogues, 2014, p. 16.

« Ce que diffuse cette dernière n'a, en effet, manifestement pas pour vocation d'être compris. C'est ainsi que dans *Bretagne ensemble*, le journal de la région, l'éditorial du président du conseil régional est traduit en breton : cette traduction n'a, de toute évidence, qu'une valeur symbolique, de même que la traduction de certains sigles ou de certaines abréviations – CHU rendu par POS (pour *Penn Ospital Skol-Veur*) ou encore CCI par KKG (pour *Kambr Kenwerzh ha Greanterezh*). Ce nouvel idiome normalisé fait donc l'objet d'une instrumentalisation [March, 1996] et, puisque par essence les institutions de droit sont normalisatrices, pareil breton aspire à tenir le rôle de norme prescriptive, à l'instar du modèle français [Manzano, 2005]. » Certes la région communique à grands frais sur « les langues de Bretagne », mais n'en considère en réalité qu'une. Voir CALVEZ Ronan. « Ce que parler du breton veut dire », *Ethnologie française*, 42/4, 2012, p. 647-655.

toujours été conscients que c'était une organisation ambivalente, à la fois démocratique, pro-européenne, mais avec un côté nationalisme régional, attaché à des fétiches incompréhensibles et qui a un goût un peu rance. » « Puis, suite à la commémoration de la libération de la poche de Colmar [février 1945], ils ont publié un communiqué stupéfiant d'une page et demie dans lequel ils vilipendaient la présence de drapeaux tricolores, associés selon eux au régime de Vichy. Et pas un mot de critique à l'égard du nazisme ![1] » Il est vrai que c'est un peu embêtant... Unser Land trouvera finalement à s'allier avec le Modem.

L'influence sur les politiques publiques

On aurait tort de limiter l'influence des ethnorégionalistes à leurs scores électoraux ou même à leur participation aux différentes majorités. Devant l'hégémonie culturelle qui est la leur, leur programme est ainsi largement repris par les élus locaux. Par peur de perdre quelques voix du côté des nationalistes, c'est Paul Giacobbi et la majorité PRG-PC qui poussent à la création d'une collectivité à statut particulier en Corse. Mais leur action ne se borne pas à un jeu de lobbying parlementaire sur la loi NOTRe. Entre 2010 et 2015, Paul Giacobbi fait voter une bonne partie des

1. ROUSSEAU Noémie, « Unser Land : "C'est sûrement notre dernière chance d'agir pour l'Alsace" », *Libération*, 20 mars 2015, p. 14.

mesures demandées par les nationalistes pour espérer leur couper l'herbe sous le pied. En 2013, l'Assemblée de Corse adopte une motion exigeant la coofficialité de la langue ; en 2014, une autre réclame la création d'un statut du résident ; en 2015, une dernière se veut favorable à libération des « prisonniers politiques ». L'ensemble des revendications nationalistes, même les plus inacceptables dans un État de droit, qui seront soumises à François Hollande, puis à Emmanuel Macron, étaient déjà celles de la majorité PRG-PC.

De même, dans les années 1980, le PS reprend la quasi-totalité des revendications de l'Union démocratique bretonne, privant temporairement le parti de son élan[1]. Dans les deux cas, la stratégie fut un échec. En 2021, les radicaux sont absents des élections et LREM, à laquelle s'est rallié Paul Giacobbi, n'obtient au premier tour que 5,92 % des voix, et leur ancien allié communiste, 3,18 %. En Bretagne, comme le note bien Romain Pasquier, l'alignement du PS sur l'UDB a contraint cette dernière à la radicalisation. Le PS a en effet repris « assez de ces positions politiques concernant la décentralisation ou la culture régionale. La question fédérale et celle de l'autonomie politique tendent à accroître le fossé qui sépare l'UDB et une partie du PS[2]. » Même sur ce

1. MONNIER Jean-Jacques, « Histoire de l'Union Démocratique Bretonne », *Cahiers du peuple breton*, 7, 1998, p. 28.

2. PASQUIER Romain, « L'Union Démocratique Bretonne ou les limites de l'expression partisane autonomiste en Bretagne », *Pôle Sud*, 1/20, 2004, p. 127.

terrain, on assiste de plus en plus à un alignement programmatique de la totalité du champ politique sur les formations ethnorégionalistes, ce, parfois, explicitement[1]. Jean-Jacques Urvoas fait ainsi allégeance au roman national breton et l'utilise pour justifier la mutation institutionnelle qu'il propose[2]. Le groupe LREM au Conseil régional de Bretagne s'est pour sa part renommé « Bremañ » de 2019 à 2021. Il reprend une dénomination qui est aussi celle d'un magazine nationaliste en breton qui fait l'apologie de l'indépendantisme catalan[3].

Toutes les politiques publiques examinées dans cet ouvrage sont le choix de majorités où, pour la plupart, ne siègent pas les ethnorégionalistes. Les panneaux en breton en territoire gallo portent l'étiquette PS ou UDI. La mobilisation du kit identitaire en Alsace ou au Pays basque est le fait de LR ou du Modem. C'est le PRG et le PC qui ont repris le programme des nationalistes corses. En 2022, le maire de Lorient s'aligne sur les régionalistes de l'opposition en faisant du livret de famille bilingue la règle dans la commune. Il ne suit jamais en la matière que l'exemple courant en Alsace ou au Pays basque. Ce faisant, il inscrit ses pas dans ceux de la mairie de

1. URVOAS Jean-Jacques, *Pour une assemblée de Bretagne, Manifeste pour une mutation institutionnelle*, *op. cit.*, p. 16.
2. URVOAS Jean-Jacques, *Pour une assemblée de Bretagne, Manifeste pour une mutation institutionnelle*, *op. cit.*, 2014, p. 29.
3. Voir par exemple *Bremañ*, 398, décembre 2014.

Nantes, où, pourtant, encore une fois, on parlait jadis gallo. Si, légalement, la délivrance de tels documents doit être le fruit d'une demande des intéressés, elle est souvent automatique[1]. Dans la cité des ducs, on a nommé un « adjoint aux enjeux bretons ». Le département de Loire-Atlantique a suivi cette nouvelle mode en 2021. Les deux collectivités sont dominées par le Parti socialiste. Étrange de la part de partis qui dénonçaient naguère la création d'un ministère de l'Identité nationale par Nicolas Sarkozy. La tendance vient par ailleurs de la Ligue italienne, qui avait installé, en Lombardie comme en Vénétie, des adjoints aux « cultures, identités et autonomies »[2].

L'activisme en matière de politiques publiques touche bien entendu essentiellement le domaine de la culture et de l'éducation. On note que l'ampleur de l'emprise sur cette dernière est l'un des éléments différenciant l'Écosse et le Pays de Galles. L'enseignement est en effet absolument central pour réaliser un travail de *nation building*. En Corse, Jérôme Fourquet montre comment la majorité nationaliste est débordée par sa base juvénile la plus bruyante[3].

1. Question écrite n° 03335 de M. Gérard Le Cam, *Journal officiel du Sénat*, 29 novembre 2012, p. 2717 ; Réponse du ministère de la Justice, *Journal officiel du Sénat* du 9 janvier 2014, p. 110.

2. AVANZA Martina, « La Ligue du Nord : de la défense des dialectes à la recherche d'une langue nationale padane », *Mélanges de l'École française de Rome. Italie et Méditerranée*, 117/1, 2005, p. 313-330.

3. FOURQUET Jérôme, *La nouvelle question corse, nationalisme, clanisme, immigration*, Paris, L'Aube, 2017, p. 150-151.

C'est la jeunesse formée à l'école des nationalistes corses qui, après des années d'enseignement militant, défile avec violence en mars 2022. Ils le font en l'honneur d'Yvan Colonna après avoir suivi leurs cours dans l'amphithéâtre Acquaviva de l'Université de Corte, du nom, rappelons-le, d'un plastiqueur du FLNC. Comment ne pas voir là l'importance du conditionnement de la jeunesse ? On peut pareillement considérer l'importance du vote pour le Scottish national party chez les jeunes. Ce sont encore les jeunes, formés à l'école sur le fondement du kit identitaire ethnorégionaliste, qui vont jouer un rôle central dans l'évolution de la situation catalane. C'est en effet l'organisation de jeunesse de la CIU-CDC qui, après la censure par le Tribunal constitutionnel du statut de 2006, pousse la première le parti à adopter une ligne indépendantiste.

La loi qui lui est consacrée en 2019 donne à la Collectivité européenne d'Alsace la possibilité d'embaucher des enseignants, sans concours, pour transmettre l'allemand et le dialecte. En Corse, la première demande par le Conseil régional de la généralisation de l'enseignement du corse date de 1993. En Bretagne, à la suite de la mobilisation des bonnets rouges, la DRAC doit céder à la région une partie de la politique culturelle, en particulier le livre et l'audiovisuel. Là encore, le gallo est le parent pauvre. La Cour régionale des comptes notait ainsi en 2018 que la région consacrait 7,5 millions d'euros par an au breton, contre 300 000 euros au gallo[1]. Diwan a par ailleurs été sauvée plusieurs fois de la liquidation à la fin des années 1980 et au début des années 1990, parce qu'elle ne payait pas ses cotisations sociales. En 1990, la structure doit 9 millions de francs à l'URSAFF. C'est en définitive la région, les départements, et l'État, qui prennent en charge la dette à l'approche des élections. Les ethnorégionalistes réussissent à politiser le combat. Ils font valoir à la fois un risque pour la langue et avancent que les différentes demandes de l'URSAFF sont la preuve que l'État veut tuer Diwan. Cet infâme État français avait donc tout préparé jusqu'à créer des « cotisations sociales », payées par tous. Françoise Morvan évoque la mise sous perfusion de la structure : lors de la création du lycée Diwan de Carhaix en 1999, 10 millions viennent de la région. Le préfet rappelle que celle-ci aurait dû consulter le Conseil académique de l'éducation nationale et qu'il contrevient à la loi Falloux, interdisant de financer à plus de 10 % les enseignements privés[2]. Mais là encore la loi Falloux a été rédigée uniquement pour étrangler l'École immersive, c'est une évidence…

Diwan a fait école. Martina Avanza relève ainsi la reprise et la diffusion du modèle par la Ligue du Nord. « C'est également au nom de la défense de la langue

1. Chambre régionale des comptes de Bretagne, *Établissement public de coopération culturelle « Ofis publik ar brezhoneg/Office public de la langue bretonne » (Département du Finistère)*, 2020, p. 12.

2. MORVAN Françoise, *Le Monde comme si*, Paris, Actes Sud, 2005, p. 85.

et contre l'État "aplatissant", que la Ligue a créé la "Libre école des peuples padans" sur le modèle des écoles Diwan en Bretagne[1]. » En France surtout, le concept des écoles immersives fait florès. Oihana Ikastola au Pays basque, Calandreta en Occitanie, Scola Corsa en Corse, sont des réseaux constitués sur le même principe et comportant les mêmes biais. Comme le constatent les députés breton, Yannick Kerlogot, et catalan, Christophe Euzet, « la grande difficulté consiste ici en la pénurie d'études objectives et scientifiques sur les différences des résultats des élèves fréquentant les réseaux immersifs, les classes bilingues ou l'enseignement extensif à la fois dans la maîtrise des langues régionales et dans la maîtrise du français[2]. » Yannick Kerlogot fut enseignant de breton et les deux rapporteurs furent missionnés par Jean Castex pour trouver une solution après la décision du Conseil constitutionnel relative à la loi Molac[3]. On peut donc difficilement voir dans ce rapport un brûlot contre les ethnorégionalistes. C'est pourtant comme ça qu'il a été perçu par beaucoup. D'abord, parce qu'il

1. AVANZA Martina, « La Ligue du Nord : de la défense des dialectes à la recherche d'une langue nationale Padane », *Mélanges de l'École française de Rome. Italie et Méditerranée*, 117/1, 2005, p. 313-330.

2. EUZET Christophe, KERLOGOT Yannick, *L'enseignement des langues régionales, état des lieux et perspectives après la décision du Conseil constitutionnel du 21 mai 2021*, Rapport au Premier ministre, juillet 2021, p. 21.

3. Conseil constitutionnel, décision n° 2021-818 DC du 21 mai 2021, Loi relative à la protection patrimoniale des langues régionales et à leur promotion, *Journal officiel*, 0119, 23 mai 2021.

n'incluait pas les zones parlant historiquement le gallo dans le territoire de diffusion du breton, ensuite parce qu'il ne prévoyait pas de manière évidente de faire litière de la décision du Conseil constitutionnel, enfin puisqu'il ne reconnaissait pas de façon incontestable la supériorité d'une méthode où le français n'est introduit qu'à partir du CE1[1]. Il faut dire que comme le souligne le rapport, toutes ces études « indiscutables » faisant l'apologie de l'immersif sont produites par les réseaux immersifs eux-mêmes… Par ailleurs, le recrutement sociologiquement très orienté de ces réseaux rend les comparaisons en termes de réussite au brevet ou au bac peu pertinentes.

Comment comprendre une telle attitude des élus locaux alors que seuls 12 % des électeurs bretons font du sujet une priorité[2] ? Comment saisir la défense mordicus du droit local en Alsace-Moselle tandis que celui-ci devient résiduel et que moins de 10 % des élèves suivent des cours d'enseignement religieux au lycée ? Alors, qu'en Moselle « l'enseignement ne peut être délivré que dans un seul lycée, faute de participants[3] » ? Il faut pour ce faire comprendre l'influence

1. Un rapport a été produit par l'Inspection générale de l'administration en juillet 2019 pour le ministère de l'Éducation nationale et de la recherche en juillet 2019. Ce dernier devait permettre de savoir si ces écoles respectaient les règles. Il n'a jamais été rendu public.

2. Sondage IPSOS pour *Franceinfo* paru le 9 mai 2021.

3. SEELIG Michel, « Concordat » *Publictionnaire. Dictionnaire encyclopédique et critique des publics*. Mis en ligne le 24 juillet 2020.

de l'hégémonie culturelle des ethnorégionalistes, surtout dans un champ politique où domine la presse quotidienne régionale. Il convient également de tenir compte de l'illisibilité de la décentralisation qui entraîne une incapacité des électeurs à se prononcer sur un projet et un bilan. Les enjeux identitaires sont eux, au moins, simples à expliquer et ils autorisent les élus à ne pas avoir à répondre sur les sujets économiques et sociaux[1]. Par ailleurs, devant la faible participation, 20 à 30 % du corps électoral, les électeurs ethnorégionalistes, toujours présents, pèsent bien plus que leur poids démographique réel[2].

---

1. « En revanche, dans le contexte d'une difficile intégration économique de la Bretagne, encore plus périphérique sur le marché européen qu'elle ne l'était sur le marché français, toute manifestation d'intérêt pour la région, toute affirmation d'identité est mobilisatrice et, si l'on peut dire, antidépressive. Comme autrefois Billancourt, il ne faut pas désespérer les Bretons. Cet argument est d'autant mieux compris des élus que la menace d'une situation de type corse n'est pas totalement exclue. Accompagner la revendication linguistique et intégrer les nationalistes dans l'appareil politico-culturel régional sont donc, à peu de frais, de bons traitements du malaise, à condition de ne pas dépasser la dose au-delà de laquelle la situation échapperait au contrôle du praticien. » LE BERRE Yves, LE DÛ Jean, « Le qui pro quo des langues régionales : sauver la langue ou éduquer l'enfant ? », dans CLAIRIS Christos, COSTAOUEC Denis, COYOS Jean-Baptiste (dir.), *Langues et cultures régionales de France – État des lieux, enseignement, politique*, Paris, L'Harmattan, 1999.

2. Sur l'intérêt électoral voir : LYNCH Peter, GOMEZ-REINO CACHAFEIRO Margarita, DE WINTER Lieven (dir.), *Autonomist Parties in Europe : identity politics and the revival of the territorial cleavage*, Barcelone, ICPS, Vol. I et II. ; ELIAS Anwen, TRONCONI Filipo (dir.), *From Protest to Power: Autonomist Parties and the Challenges of Representation*, Vienne, Braumüller, 2011 ; HEPBURN Eve (dir.),

La porosité entre milieux associatifs largement subventionnés dans le cadre des politiques culturelles et milieux politiques permet d'entretenir un corps militant sur fonds publics. De kit identitaire en transmission du roman régional par l'éducation et la communication de la collectivité, les élus locaux des vieux partis font la propagande de leurs rivaux. Cela pose de vrais problèmes de gouvernance comme le notent Yves Le Berre et Jean Le Dû. « Le partage du pouvoir dans telle ou telle section de l'Institut culturel, dans les rédactions des antennes régionales de FR3 et de Radio-France ou encore dans le futur Institut de la langue bretonne ne va pas de soi. Tandis que les nationalistes se considèrent comme légitimes détenteurs d'instruments qu'ils ont arrachés par leur lutte à l'adversaire centraliste, les élus locaux veulent toucher les dividendes politiques de ce qu'ils considèrent comme leurs initiatives propres[1]. »

Or, comme ce fut le cas en Corse mais aussi, avant, en Écosse ou en Catalogne, l'ethnorégionalisme

---

New Challenges for Stateless Nationalist and Regionalist Parties, Londres, Routledge, 2010 ; MEGUID Bonnie M., « Bringing Government Back to the People? The Impact of Political Decentralization on Voter Engagement in Western Europe », papier présenté à l'association des études européennes à Montréal, mai 2007 ; THORLAKSON Lori, « Patterns of Party Integration, Influence and Autonomy in Seven Federations », *Party Politics*, 15/2, 2009, p. 157-177.

1. LE BERRE Yves, LE DÛ Jean, « Le qui pro quo des langues régionales : sauver la langue ou éduquer l'enfant ? » dans CLAIRIS Christos, COSTAOUEC Denis, COYOS Jean-Baptiste (dir.), *Langues et cultures régionales de France – État des lieux, enseignement, politique*, Paris, L'Harmattan, 1999, p. 71-83.

dévore ainsi le bras de ceux qui souhaitent le nourrir. Les politiques publiques en question ne font que renforcer ces mouvements. Tout le paradoxe est là. La manière dont pensent les élus locaux et une bonne partie de nos élites politiques et administratives nationales est singulièrement datée[1]. Le rapport entre la décentralisation et la montée en puissance des partis ethnorégionalistes a fait l'objet d'un long débat dans la recherche internationale. Dans la littérature anglo-saxonne, des années 1980-1990 notamment, s'impose la théorie de l'*accommodation*[2]. La décentralisation est alors conçue, en dehors des motivations économiques et démocratiques qui peuvent évidemment la justifier, comme une réponse adaptée à ces revendications. En leur accordant un cadre institutionnel, elles seraient satisfaites. Les ethnorégionalistes seraient isolés. Les modérés deviendraient des gestionnaires inoffensifs. C'est sur cette idée qu'est fondée la *devolution*

1. MOREL Benjamin, « Décentralisation asymétrique et stabilité des États », Revue Française de droit constitutionnel, n° 122, 2022, p. 837-860.

2. DE WINTER Lieven, « In Memoriam the Volksunie 1954-2001 : Death by Overdose of Success? », dans DE WINTER Lieven, GOMEZ-REINO Marta et LYNCH Peter (dir.), *Autonomist Parties in Europe: Identity Politics and the Revival of the Territorial Cleavage*, II, Barcelone, ICPS, 2006, p. 11-46 ; LEVI Margaret, HECHTER Michael, « A Rational Choice Approach to the Rise and Decline of Ethnoregional Political Parties », dans TIRYAKIAN Edward A., ROGOWSKI Ronald (dir.), *New Nationalism of the Developed West*, Boston, MA: Allen & Unwin, 1985, p. 128-146 ; RUDOLPH Joseph R., Jr., THOMPSON Robert J., « Ethnoterritorial Movements and the Policy Process: Accommodating Nationalist Demands in the Developed World », *Comparative Politics*, 15, 1985, p. 291-311.

en Grande-Bretagne, le développement des États régionaux en Espagne et en Italie ou l'évolution du fédéralisme belge. Lorsque ces choix ont été faits à l'étranger, ils pouvaient paraître pertinents. Ce qui n'avait pas été pris en compte par le modèle et les politiques attenantes, c'était que les dynamiques de l'ethnorégionalisme n'étaient plus les mêmes depuis qu'ils avaient été élaborés. Au tournant du siècle, l'ethnorégionalisme reste borné à des territoires périphériques dont la prospérité dépendait pour beaucoup de l'aide de l'État central[1]. Cette situation restreint les revendications et freine leur écho dans la population. L'*accommodation* reposait en effet sur un délicat équilibre entre solidarité économique et reconnaissance culturelle vis-à-vis de populations ayant à cœur ces deux exigences. À partir des années 1970-1980, lorsque les politiques de *devolution* ou de régionalisation sont mises en place, le phénomène touche des territoires à l'économie florissante. On assiste par ailleurs à l'expansion de transferts européens directs par l'intermédiaire des fonds structuraux. Ces deux facteurs fragilisent les bases du modèle d'*accommodation*. Un autre paradigme va donc s'imposer pour analyser l'ethnorégionalisme européen, celui de l'*empowerment*.

1. NÚÑEZ SEIXAS Xosé M., « Autonomist Regionalism within the Spanish State of the Autonomous Communities: An Interpretation », dans MÁIZ Ramón, SAFRAN William (dir.), *Identity and territorial autonomy in plural societies*, Londres, Frank Cass, p. 121-141 ; MORENO Luis, *The Federalization of Spain*, Londres, Routledge, 2001.

En offrant un cadre adéquat à l'expression des formations ethnorégionalistes, la décentralisation permet à ces mouvements d'acquérir une légitimité et des ressources stimulant leur développement[1]. Dans une étude par régression statistique sur 227 partis régionalistes dans 329 régions et 18 pays[2], Emanuele Massetti et Arjan Schakel montrent qu'un gouvernement régional multiplie par trois le nombre des partis régionalistes. Dawn Brancati note pour sa part que la décentralisation stimule le vote pour les formations ethnorégionalistes[3]. Ces partis s'inscrivent donc durablement dans le paysage électoral en redistribuant des biens matériels et symboliques à leurs militants et à leurs sympathisants[4]. La décentralisation fondée sur un fait culturel et ethnique est alors prise dans une contradiction. Elle se trouve fortement justifiée par son objet, mais apparaît, en réalité, profondément dysfonctionnelle. Elle ne représente en effet qu'une étape avant de nouvelles revendications menant à la dislocation ou à un point de blocage entre l'État

1. FITJAR Rune Dahl, *The Rise of Regionalism Causes of Regional Mobilization in Western Europe*, Londres, Routledge, 2009, p. 44.

2. MASSETTI Emanuele, SCHAKEL Arjan H., « Decentralization Reforms and Regionalist Parties' Strength: Accommodation, Empowerment or Both? », *Political Studies*, 65/2, 2017, p. 432-451.

3. BRANCATI Dawn, « The Origins and Strengths of Regional Parties », *British Journal of Political Science*, 38/1, 2008, p. 135-159.

4. ELIAS Anwen, TRONCONI Filipo, « From protest to power: Autonomist parties in government », *Party Politics*, 17/4, 2011, p. 505-524.

central et la collectivité territoriale[1]. Ça, Tony Blair et les constituants espagnols l'ignoraient. Nous avons le recul nous permettant de le savoir.

---

1. TARLETON Charles D. « Symmetry and Asymmetry as Elements of Federalism: A Theoretical Speculation », *Journal of Politics*, 27/4, 1965, p. 861-874 ; FRANK Thomas M., « Why Federations Fail », dans FRANK Thomas M., (dir.), *Why Federations Fail. An Inquiry into the Requisites for Successful Federalism*, New York, New York University Press, 1968 ; TRAGER Franck N., « On Federalism », dans FRANK Thomas M., (dir.), *Why Federations Fail: An Inquiry into the Requisites for Successful Federalism*, New York, New York University Press, 1968 ; ELAZAR Daniel « International Comparative Federalism », *Political Science and Politics*, 26/2, 1993, p. 1990-1995 ; ELAZAR Daniel, « From Statism to Federalism – A Paradigm Shift », *International Political Science Review*, 17/4, 1996, p. 417-429.

VI

L'explosion de l'unité du pays

Après la crise des bonnets rouges, les formations autonomistes signent un appel à Pontivy. Ils demandent : « Dans le cadre de la future loi de décentralisation, un statut particulier dotant l'institution bretonne d'une assemblée disposant – à l'instar des "grandes régions" européennes (Écosse, Pays de Galles, Catalogne qui possèdent un véritable Parlement doté de pouvoirs importants) – de nouvelles compétences, d'un pouvoir législatif et réglementaire ainsi que d'un droit à l'expérimentation dans des domaines différents allant de l'eau, la culture à la politique linguistique. Ces nouvelles compétences doivent s'accompagner d'un budget et d'une fiscalité adaptés afin de répondre aux défis économiques, sociaux, environnementaux et culturels des années à venir[1]. »

Non seulement ce programme n'est pas tombé dans l'oubli, mais il a été repris par Régions de France.

1. LOYER Barbara, BERTRAND Guyader, « Les Bonnets rouges : un mouvement pour un projet géopolitique », *Hérodote*, 154/3, 2014, p. 223-242.

L'association réclame la différenciation normative et même l'autonomie pour la Corse depuis que sa présidente doit son élection à Gilles Simeoni[1]. Pire, il est également recyclé en partie par le gouvernement au nom des « pactes girondins » proposés en 2017 par Emmanuel Macron[2].

La politique de l'État, dite de « différenciation territoriale[3] », est donc aujourd'hui en partie fondée sur des revendications ethnorégionalistes. Il s'agit d'assurer des compétences et des statuts à géométrie variable selon les identités singulières de tel ou tel territoire. Alors que ses promoteurs s'en réclament, cela n'a rien à voir avec les modèles fédéraux, allemand ou américain. Les articles 70 à 74 de la Loi fondamentale allemande listent, ainsi, ce qui relève des Länder ou de la Fédération, et le principe de cette distribution. Certains Länder portent le titre de *Freistaat*, notamment la Bavière, la Saxe et la Thuringe, mais cela n'emporte aucune conséquence juridique ou statutaire. La majorité des pays fédéraux comme l'Australie, l'Autriche, les États-Unis et la Suisse reposent également sur une asymétrie très faible[4]. Ce modèle a en revanche tout

1. POVILLON Yannick, « Élue présidente des Régions de France, Carole Delga veut une nouvelle décentralisation », *Midi libre*, 9 septembre 2021.

2. MACRON Emmanuel, discours du Congrès le 3 juillet 2017.

3. MOREL Benjamin, « La différenciation territoriale, émergence sans bruit d'un nouveau paradigme », *Revue du Droit public*, n° 4, 2022, p. 1053-1080.

4. DAFFLON Bernard, « The assignment of functions to decentralised government: from theory to practice », dans AHMAD Ehtisham,

à voir avec ce qui se passe actuellement en Espagne, en Grande-Bretagne et en Italie. Si les élus locaux pèchent donc par opportunisme, c'est bien l'État qui, dans sa naïveté, a créé les conditions de son éclatement. Ce sont bien ses élites, administratives et politiques, qui par bêtise, conduisent la nation au suicide.

LA MACHINE INFERNALE

Longtemps, disposer d'un droit particulier a été signe d'opprobre et d'assujettissement. Le droit colonial notamment était un droit de statuts particuliers. Obtenir l'égalité des droits était le combat des territoires relégués au rang de possessions ou de colonies. C'est ainsi que le 14 mars 1946, après d'âpres débats, l'Assemblée nationale vote, à l'unanimité, le passage de quatre vieilles colonies – la Guyane, la Guadeloupe, la Martinique et la Réunion – au rang de départements français. Portée par les députés Aimé Césaire (Martinique), Léopold Bissol (Martinique), Eugénie Eboué-Tell (Guadeloupe), Gaston Monnerville[1] (Guyane) et Raymond Vergès (Réunion), cette réforme était au cœur des agendas politiques locaux depuis l'abolition définitive de l'esclavage en France en 1848. Elle fut vue comme un aboutissement de

BROSIO Giorgio, *Handbook on Fiscal federalism,* Edward Elgar, Cheltehan, 2006, p. 271-305.

1. Gaston Monnerville, petit-fils d'esclave, présida le Sénat de 1947 à 1968.

l'égalité passant par une intégration au droit commun, mettant fin au pacte colonial en vigueur depuis la fin du système esclavagiste.

Aujourd'hui au nom d'une lutte se voulant décoloniale, il s'agirait, en réalité, de rétablir des statuts coloniaux, sous couvert du droit à la différenciation. Le préambule des accords de Nouméa lie d'ailleurs le statut de la Nouvelle-Calédonie à un processus de décolonisation. Le texte reconnaît donc implicitement un tel statut au Caillou. Les nationalistes corses qui rêvent d'un statut similaire envisagent par conséquent de transformer leur île… en possession coloniale. Ceux qui songent à leur octroyer pourraient être, à bon droit, taxés de colonialisme.

Comment en est-on arrivé à un semblable reversement historique ? À force de céder aux ethnorégionalistes, la France comme l'Espagne et le Royaume-Uni avant elle, a lancé la machine infernale : celle de petites concessions en entraînant d'autres vers des statuts toujours plus différents jusqu'à mettre en crise les fondements mêmes de la nation, de la République et de la citoyenneté.

Singulariser compétences et statuts

Nous assistons depuis quelques années à une rupture du modèle territorial. Aux traditionnels régions, départements et communes se substituent peu à peu les collectivités uniques de Corse, Collectivité européenne d'Alsace, Métropole de Lyon, etc. Cela a notamment été rendu possible par la réforme constitutionnelle de 2003. À l'ère des statuts homogènes a succédé celle des statuts particuliers accordés en vertu de l'identité et du poids des barons locaux auprès du gouvernement. Or, cette ancienne homogénéité des statuts était une entrave très significative à la montée des revendications ethnorégionalistes. En effet, si certaines régions développent de fortes revendications, d'autres s'avèrent plus rétives à exiger des évolutions. La relative uniformité des statuts et compétences représente alors un frein à l'émergence d'un discours politique portant sur une singularisation de la collectivité. En effet, si tout le monde avance au même rythme, la nécessité de recueillir un consensus rend plus difficile la mobilisation autour d'aspirations particulières. Au contraire, dans ce nouveau monde où les statuts sont à vendre et peuvent être inventés au gré de l'imagination fertile des élus locaux, ils deviennent un enjeu électoral par nature[1].

Là encore, un petit regard ailleurs devrait nous donner quelques sueurs froides. Au Pays de Galles, l'autonomisme croît substantiellement entre 1997 et 2001 du fait de la *devolution*. Le taux de Gallois jugeant que Cardiff devrait voter ses propres lois passe ainsi

---

1. BRETON Raymond, *Why Meech Lake Failed: Lessons for Canadian Constitution Making*, Montréal, C. D. Howe Institute, 1993 ; DIECKHOFF Alain, *La Nation dans tous ses états*, Paris, Flammarion, 2000.

de 19,6 % en 1997 à 38,3 % en 2001[1]. Le référendum de 2011 le permettant, par ratification du Government of Wales Act de 2006, est finalement remporté avec 63,49 %, et un taux de participation d'à peine un tiers du corps électoral. Nous avons connu la même chose en Corse. Le 3 mai 2000, un sondage Louis-Harris publié dans le mensuel *Corsica* estimait que seuls 37 % des Corses souhaitaient un statut d'autonomie octroyant des pouvoirs législatifs à l'Assemblée de Corse. On voit le résultat dans les urnes d'un référendum piétiné quelques années plus tard…

Les collectivités à statut particulier ont pour principal effet l'illisibilité de la décentralisation. La différenciation des noms et des compétences exige aujourd'hui de l'électeur alsacien qu'il comprenne que son département n'est pas un département comme les autres. Il n'est pas non plus une collectivité d'un nouveau genre, ni une collectivité à statut particulier, mais un département à compétence particulière qui ne s'appelle pas département. Il devra aussi noter que les régions disposent d'une compétence prioritaire, depuis la loi NOTRe, en matière économique[2]. Toutefois, dans le cas alsacien, ce sujet n'échappe pas tout à fait à la Collectivité européenne d'Alsace qui exerce des compétences en matière de transport, de transfrontalier et d'aides

1. SCHRIJVER Frans, *Regionalism after regionalization: Spain, France and the United Kingdom*, *op. cit.* p. 303.

2. Loi n° 2015-991 du 7 août 2015 portant nouvelle organisation territoriale de la République.

aux entreprises. Il conviendrait donc, en jugeant du bilan économique et du projet, qu'il fasse bien la part de ce qui relève de l'État, de la région et de la collectivité européenne d'Alsace ; considérant que certains éléments du programme des candidats aux régionales pourront dès lors s'appliquer à la Moselle, mais pas à l'Alsace. Bref, si le lecteur courageux a saisi ce développement, qu'il sache que ce n'est qu'un résumé. Il devra consulter le Code général des collectivités pour une vision exhaustive, lequel aura probablement été chamboulé avant les prochaines élections, une nouvelle loi de décentralisation étant votée en moyenne tous les trois ans.

On comprend qu'une telle obscurité tende à favoriser l'abstention d'une partie de l'électorat[1]. Cela induit une participation différentielle plus importante de l'électorat nationaliste, qui se mobilise, par principe, quoi qu'il arrive[2]. De là également la volonté des formations ethnorégionalistes de ne pas voir l'ensemble des élections territoriales tenues en même temps, entraînant ainsi une démobilisation de l'électorat non

1. Ce constat n'est pas invalidé par les derniers résultats en Corse. Si l'on y constate une meilleure participation aux dernières régionales (57,08 %), elle est inférieure aux élections de 2010 où coexistaient région et départements (62,39 %) dans une région où l'abstention est structurellement très faible.

2. MEGUID Bonnie M., « Bringing Government Back to the People? The Impact of Political Decentralization on Voter Engagement in Western Europe », papier présenté à l'association des études européennes à Montréal, mai 2007 ; THORLAKSON Lori, « Patterns of Party Integration, Influence and Autonomy in Seven Federations », *Party Politics*, 15/2, 2009, p. 157-177.

déterminé par cette cause[1]. Par ailleurs, cette faible lisibilité des politiques publiques conduit à mettre en avant, au premier chef, une question identitaire qui a l'avantage d'être plus aisément présentable[2]. Les positions des partis ethnorégionalistes sont ensuite légitimées par l'exceptionnalité du statut et par le discours qui accompagne les revendications de compétence[3]. Ces formations peuvent alors compter sur une plus grande mobilisation de leur électorat, qui croit dans la mission du parti. Elles peuvent aussi espérer un élargissement à d'autres électorats qui reconnaissent sa légitimité, voire son avant-gardisme[4].

Par ailleurs, la campagne électorale peut s'avérer créative puisque, par définition, tout est permis. Elle ne porte plus seulement sur l'exercice des compétences, mais sur l'usage qui pourrait être fait de compétences revendiquées. Il convient d'être plus alsacien ou breton que les autres en montrant que l'on est capable d'exiger et d'exercer plus de compétences. En

1. SCHRIJVER Franz, *Regionalism after regionalization: Spain, France and the United Kingdom*, *op. cit.*, p. 353.

2. THORLAKSON Lori, « Patterns of Party Integration, Influence and Autonomy in Seven Federations », Party Politics, 15/2, 2009, p. 157-177.

3. LECOURS André, « Ethnonationalism in the West: A Theoretical Exploration », *Nationalism & Ethnic Politics*, 6/1, 2000, p. 103-124 ; LECOURS André, « Political Institutions, Elites, and Territorial identity Formation in Belgium », *National identities*, 3/1, 2001, p. 51-68.

4. MEGUID Bonnie M., « Bringing Government Back to the People? The Impact of Political Decentralization on Voter Engagement in Western Europe », papier présenté à l'association des études européennes à Montréal, mai 2007.

soi, un tel lien n'a rien d'évident. En effet, disposer d'une forte identité régionale ne rend pas plus compétent et ne rend pas non plus l'échelle de gouvernance plus opportune pour gérer la politique de santé ou lever une taxe. Les arguments pour appuyer ces revendications peuvent d'ailleurs être assez absurdes. Ainsi, quand on demande à Frédéric Bierry pourquoi la Collectivité européenne d'Alsace devrait exercer des compétences régionales en quittant le Grand Est, il répond football : « Mais, en même temps, n'oubliez pas, par exemple, que 92 % des clubs de foot d'Alsace sont favorables à cette perspective. Ils ont autre chose à faire le dimanche que de passer leur temps sur la route[1]. » Oui, plus petite est la région, plus courts sont les trajets en bus pour la traverser, ce qui justifie bien de revendiquer des compétences en matière économique ou d'aménagement… Certes, certains de ces territoires disposent de problématiques propres, mais en rien spécifiques à ces seules collectivités. Si la compétence est réclamée, ce n'est pas tant pour elle-même que parce qu'elle autorise à singulariser la collectivité et donc à reconnaître son identité. Plus la région a des compétences, plus elle est admise comme autonome. L'augmentation de l'autonomie est ainsi regardée comme une fin en soi[2].

1. PETRY Antoine, BIERRY Frédéric, « Si les Lorrains et les Champardennais s'entendent très bien… », *Le Républicain Lorrain*, 16 janvier 2022.

2. TAYLOR Charles, « The Deep Challenge of Dualism », dans GAGNON Alain G. (dir.), *Quebec: State and Society*, Scarborough, Nelson, 1993, 2e éd. ; FOSSAS Enric, « Constitucionalisme i

Les collectivités en question vont notamment viser à accroître leur emprise dans les domaines permettant d'ancrer le discours identitaire. Une fois un gain réalisé, s'enclenche un effet cliquet. Ce qui a été acquis ne sera pas repris. Ce qui n'a pas été obtenu reste à négocier.

Le second impact engendré par la décentralisation asymétrique est un mimétisme entre collectivités[1]. La singularisation par le statut ou les compétences représente une double reconnaissance : celle de la capacité à faire et celle d'une identité propre. Or, on peut difficilement donner acte de cela à une collectivité sans que ne se développe un sentiment de frustration et de marginalisation de la part de ses voisins. La Corse rêve d'un statut semblable à celui de la Nouvelle-Calédonie, ce qui paradoxalement impliquerait de

diversitat cultural », dans F. REQUEJO (dir.), *Pluralisme nacional i legitimat democràtica*, Barcelone, Prova, 1999 ; REQUEJO Ferran, « Pluralisme polític i legitimat democràtica », dans REQUEJO Ferran (dir.), *Pluralisme nacional i legitimat democràtica*, Barcelone, Prova, 1999 ; RUBERT DE VENTÓS Xavier, *De la identidad a la independencia: la nueva transición*, Barcelone, Anagrama, 1999 ; MÁIZ Ramon, « Democràcia i federalisme en estats multinacionals », dans REQUEJO Ferran (dir.), *Pluralisme nacional i legitimat democràtica*, Barcelone, Prova, 1999.

1. LIJPHART Arendt, « Political Theories and the Explanation of Ethnic Conflict in the Western World: Falsified Predictions and Plausible Postdictions », dans ESMAN Milton J. (dir.), *Ethnic Conflict in the Western World*, Ithaca, Cornell University Press, 1979, p. 53-54 ; SCHRIJVER Frans, *Regionalism after regionalization: Spain, France and the United Kingdom*, *op. cit.*, p. 64 ; MORENO Luis, *The Federalization of Spain*, Londres, Frank Cass, 2001.

sortir de l'Union européenne et de quitter la zone euro. Après le franc pacifique, le franc ligurien va peut-être bientôt voir le jour. En octobre 2019, pour sceller la comparaison, les dirigeants indépendantistes corses et kanaks signent une convention de partenariat politique, économique et culturel. À dessein toutefois d'envisager une option peut-être plus réaliste, Gilles Simeoni a commandé une étude sur l'évolution institutionnelle de l'île à la professeure de droit Wanda Mastor en octobre 2021. Évidemment, l'on fait valoir un statut d'autonomie des autres îles de la Méditerranée (à l'exception de la Crète). On oublie que ces statuts sont très souvent incidents. Ils sont couramment liés à des revendications ethnorégionalistes dans d'autres régions (Catalogne, nord de l'Italie...), ayant conduit ces États à épouser une forme régionale qui s'est appliquée ensuite aux îles. Il n'y a ainsi pas de lien entre le caractère insulaire et le statut d'autonomie.

Si les Corse rêvent d'outre-mer, Frédéric Bierry rêve, lui, de Corse. L'île de beauté sert à présent de référence à la majorité alsacienne. De son côté, l'ancien garde des Sceaux Jean-Jacques Urvoas assume de s'inspirer de la Corse et du projet alsacien de 2013[1]. Suivant la création de la collectivité unique de Corse le 17 avril 2014, le Conseil régional de Bretagne émettait un vœu à la quasi-unanimité (abstention

1. URVOAS Jean-Jacques, *Pour une assemblée de Bretagne, Manifeste pour une mutation institutionnelle*, Paris, Dialogues, 2014, p. 38.

du groupe UMP/UDI). Il demandait l'expérimentation d'une Assemblée unique en Bretagne et le rattachement du département de la Loire-Atlantique. Le 8 avril 2022, le même Conseil régional profitait du chaos en Corse pour reprendre les revendications des nationalistes et voter un vœu exigeant l'autonomie. Durant la campagne des régionales de 2021, les élus bretons LR sont également allés chercher l'inspiration dans une visite officielle à Strasbourg. À la suite de la création de la Collectivité européenne d'Alsace, le département de Moselle a également demandé à devenir un eurodépartement…

Au-delà même des statuts, ce sont les noms qui comptent. La montée en puissance du Pays basque fait pâlir les Catalans. Le département des Pyrénées-Orientales a ainsi lancé une consultation pour devenir le « pays catalan »[1]. La référence est d'autant plus problématique au vu de la définition déjà évoquée du Pays basque, conçu non comme une terre, mais comme une ethnie attachée à une langue. On voit qu'en la matière le glissement de la Catalogne française n'est pas que symbolique.

Même si l'évolution statutaire n'est pas jugée en soi pertinente, elle ne peut être évitée dès lors qu'elle entre dans un phénomène de concurrence identitaire. En 2002, le Conseil régional de Bretagne s'avère sceptique sur les velléités d'accorder un pouvoir législatif, même limité, à certaines collectivités, en

1. *L'Indépendant*, 2 février 2022, p. 3.

particulier la Corse. Mais il note également que, si une autre région devait se voir octroyer une telle compétence, cela impliquerait automatiquement, au vu de son identité indiscutable, qu'il en aille de même pour la Bretagne[1]. Même jugé non opportun, le nouveau statut signifie reconnaissance d'identité et doit donc être obtenu.

Là encore, un peu de discernement et moins de nombrilisme franchouillard permettraient de considérer qu'un tel processus est délétère. À la suite des revendications écossaises, il a fallu accorder un statut similaire au Pays de Galles. Celui-ci conférant toutefois moins d'autonomie au gouvernement de Cardiff, le modèle écossais sert de référence à atteindre pour une grande partie de la classe politique galloise. Elle pointe une iniquité inacceptable au regard de l'identité du Pays de Galles[2]. Une évolution est donc actée en 2006 qui mènera à un référendum en 2011. Un an plus tard, l'Écosse, fâchée d'être normalisée, obtient également un nouveau statut d'autonomie, relançant le mécanisme. En Espagne, la reconnaissance des nations catalane et basque au sein de la première République espagnole signe le début d'un processus de diffusion du régionalisme dans la péninsule. C'est en particulier le cas, dès cette période, en Galice,

1. Conseil régional de Bretagne, *Manifeste de la décentralisation en Bretagne*, Rennes, Conseil Régional de Bretagne, 2002, p. 9-10.
2. SCHRIJVER Frans, *Regionalism after regionalization: Spain, France and the United Kingdom*, *op. cit.*, p. 342.

en Andalousie, et dans la région de Valence[1]. Le statut de communauté autonome donné aux régions à forte personnalité historique a conduit l'Andalousie, après l'épisode franquiste, à exiger qu'il en soit fait de même pour elle. Au bout du compte, c'est l'ensemble des communautés autonomes qui ont choisi de copier le modèle prévu pour les nationalités. Un tel alignement est évidemment difficilement tolérable pour les territoires aux statuts plus anciens qui se trouvent alors normalisés, et donc moins bien reconnus dans l'incomparable spécificité de leur identité. Cela a notamment mené la Catalogne à négocier avec l'État central, se sentant reléguée par l'évolution des communautés autonomes[2]. Entre nations historiques également, la concurrence est de mise. La possibilité pour le Pays basque de lever directement l'impôt sans passer par l'administration fiscale espagnole est ainsi vue comme une vexation par les Catalans. En Italie, la décentralisation asymétrique d'abord pensée pour certains territoires à l'histoire atypique comme le Val d'Aoste, a été largement diffusée.

1. MORENO Luis, ARRIBA Ana, A. SERRANO Araceli, « Multiple Identities in Decentralized Spain: The Case of Catalonia », *Regional & Federal Studies*, 8/3, 1998, p. 67.

2. PETITHOMME Mathieu, « La Catalogne, du nationalisme à l'indépendantisme ? Les enjeux d'une radicalisation », *Critique internationale*, 75, 2017, p. 133-155.

La stratégie de la poussette

Les partis politiques ne peuvent résister à l'appel de nouvelles compétences à exercer. On a déjà examiné en quoi elles permettaient de fonder des programmes non sur des compétences acquises par la collectivité, mais également sur celles qui sont à conquérir. Dès lors, ce discours est difficile à contrer pour les grands partis nationaux, car cela reviendrait à refuser d'intervenir sur un sujet qu'un concurrent politique se propose de traiter. Ceci induit un alignement de la presque totalité des candidats sur les exigences des mouvements autonomistes. On tend ainsi à un rapprochement des revendications entre les partis ethnorégionalistes et les formations traditionnelles. C'est notamment le cas en Italie et en Espagne, mais aussi en France comme l'ont montré les précédentes campagnes régionales et départementales en Corse, en Alsace et en Bretagne. L'opposition de principe est par ailleurs difficilement soutenable. La décentralisation créant des opportunités et des postes à conquérir, le rejet de cette dernière est assez faible dans les mouvements politiques. C'est d'autant plus le cas que l'opposition, tenant certaines collectivités, y voit une façon d'agir au niveau local tout en dénonçant le gouvernement[1]. Même des partis à l'origine rétifs,

1. HOPKIN Jonathan, « Political Decentralization, Electoral Change and Party Organizational Adaptation: A Framework for Analysis », *European Urban and Regional Studies*, 10/3, 2003,

comme les Tories en Écosse ou le Parti populaire en Galice[1], vont alors trouver un intérêt à prôner une plus grande délégation de pouvoir. L'opposition est plus compétente, car elle gère les collectivités avec succès. Le gouvernement, incapable, doit plus décentraliser pour faciliter et améliorer l'action publique.

L'ensemble des formations politiques se sent par ailleurs contraint d'adopter les thèmes des groupes ethnorégionalistes. Ne pouvant prendre le contrepied de leur propos, les formations nationales souffrent de s'appuyer sur des programmes relatifs aux politiques publiques moins audibles que le discours identitaire. Elles s'engagent alors dans un processus de surenchère[2], mais ne peuvent pas s'engager aussi loin que les formations ethnorégionalistes. Si le Parti socialiste catalan réclame une fédéralisation de l'Espagne depuis 1987, ce qui ne changerait pas grand-chose au regard de l'autonomie de la Généralité, il ne peut exiger l'indépendance. Il en va de même les branches locales du Labour ou des Libéraux-démocrates en Écosse. Cette stratégie peut toutefois leur permettre de stabiliser leur score, au moins à court terme. C'est ce à quoi l'on assiste

---

p. 229 ; ASHFORD Douglas, *British Dogmatism and French Pragmatism: Central-Local Policy Making in the Welfare State*, Londres, Allen and Unwin, 1982, p. 2.

1. SCHRIJVER Frans, *Regionalism after regionalization: Spain, France and the United Kingdom*, *op. cit.*, p. 282.

2. HEPBURN Eve, DETTERBECK Klaus, « Federalism, regionalism and the dynamics of party politics » dans *Routledge Handbook of Regionalism and Federalism*, Londres, Routledge, 2013, p. 83.

en Écosse ou, après avoir demandé la *devolution* et dirigé la collectivité jusqu'en 2007, les travaillistes sont finalement battus[1] et marginalisés par le SNP. À la suite de leur victoire, on constate parfois à une substitution et à une diversification de l'offre ethnorégionaliste. Le courant ethnorégionaliste devient alors tellement fort qu'il finit par se scinder entre indépendantistes et autonomistes ou entre droite et gauche[2]. On trouve là l'une des caractéristiques de la vie politique en Catalogne ou au Pays basque espagnol. Dans d'autres collectivités, la situation à moyen terme se maintient, notamment quand les formations ethnorégionalistes étaient originellement plus faibles. Cela implique toutefois une radicalisation des autres partis. On a vu que c'est exactement ce qui s'est produit en Corse et en Bretagne où PRG et PS ont repris le programme des ethnorégionalistes, poussant ces derniers à la surenchère. Le cas du Pays de Galles est à ce titre particulièrement topique. Si la *devolution* n'a pas conduit à une augmentation des résultats des partis régionalistes, en particulier Plaid Cymru, c'est essentiellement parce que l'ensemble

1. Les conservateurs ne s'y étaient pour leur part pas trompés, arguant que la *devolution* serait le tombeau de l'Union et déclenchant trois jours avant le vote une campagne « 72 heures pour sauver l'Union ». BOCHEL Hugh, DENVER David, MITCHELL James, PATTIE Charles, *Scotland decides: The devolution issues and the 1997 referendum*, Londres, Routledge, 2000.

2. MASSETTI Emanuele, SCHAKEL Arjan, « Decentralization Reforms and Regionalist Parties' Strength: Accommodation, Empowerment or Both? », *Political Studies*, 65/2, 2017, p. 432-451.

du spectre politique s'est décalé vers ses thèses[1]. Le Parti conservateur au Pays de Galles, qui refusait la *devolution*, s'y est rallié. Le Parti travailliste a endossé les positions régionalistes et autonomistes et sa branche galloise a pris des distances marquées vis-à-vis de la direction centrale. De son côté, Plaid Cymru est passé de la revendication de ce qui deviendra la *devolution* à l'indépendantisme assumé à l'intérieur d'une Europe des régions. Les derniers sondages donnent le Plaid Cymru autour de 20 ou 25 % et l'appui à l'indépendance du Pays de Galles à environ 25 %. C'est peu, mais c'est en hausse et proche des chiffres écossais des années 1990[2]. En 2021, le Premier ministre gallois Mark Drakeford a de son côté déclaré que le Royaume-Uni était « terminé » et devait être refondé sur un modèle de type américain, voire confédéral[3].

Le 9 février de la même année, Gilles Simeoni fait un message en soutien aux indépendantistes catalans. Ces derniers lui rendront la pareille puisque le Parlement catalan se déclarera en soutien des manifestations en l'honneur d'Yvan Colonna. La surenchère finit en règle générale par profiter aux indépendantistes,

1. SCHRIJVER Frans, *Regionalism after regionalization: Spain, France and the United Kingdom*, *op. cit.*, p. 334 et suivantes.
2. « Plaid Cymru pledges independence vote if it wins Senedd election », *BBC*, 11 décembre 2020.
3. HALE Adam, « Mark Drakeford declares "union" of United Kingdom "over" », *The National Wales*, 4 mars 2021.

cachés ou avoués[1]. C'est d'abord le cas parce que le statut toujours négocié n'est pas vu comme une fin, mais comme une étape d'un processus vers toujours plus d'autonomie. Le phénomène d'émulation entre partis et entre collectivités conduit à rendre très précaire et toujours en négociation le contour du statut. La revendication de l'usage de la démocratie directe est alors assez commune pour stabiliser la situation. Pour autant, cela s'avère peu probant. On a vu que la démocratie n'a de valeur que quand elle va dans le sens des ethnorégionalistes. Si le référendum permet d'acter le processus, il n'est pas une fin en soi et, devant la pression politique des partis ethnorégionalistes, son échec ne représente pas un point d'arrêt. C'est le cas en Corse en 2003 et en Alsace en 2013. La déconvenue du premier référendum sur la *devolution* au Pays de Galles et en Écosse en 1979 n'est de même perçue que comme un contretemps. Les ethnorégionalistes écossais et gallois obtiennent gain de cause en 1997, les Corses en 2015, les Alsaciens en 2019. Les indépendantistes catalans et écossais perdent les référendums en 2014 et 2015, mais se disent heureux d'être passés si près et en réclament un nouveau dès le lendemain.

À défaut de solutions stables, les ambitions autonomistes finissent souvent par être satisfaites, ne laissant comme support au vote identitaire que les

1. ROKKAN Stein, URWIN Derek W., *Economy, Territory, Identity. Politics of West European Peripheries*. Londres, Sage, 1983.

listes indépendantistes. Les autonomistes tiennent en la matière leur légitimité uniquement de leurs bras de fer avec l'État. Le non-accès à leur revendication les renforce, y compris contre le courant indépendantiste comme le montrent les dernières élections en Corse. Une fois l'autonomie conquise, en revanche, ils n'ont à offrir qu'une gestion classique des affaires de la collectivité, loin du récit épique qu'ils ont porté. Les indépendantistes en apparaissent alors dépositaires. La rhétorique nationaliste mise en avant par l'ensemble des partis ne peut se contenter d'une simple pratique gestionnaire. La CIU-CDC catalane, autonomiste, devient ainsi indépendantiste en 2012, lors du mandat d'Artur Mas. Cette évolution intervient alors que le statut de 2006, avant sa censure partielle, était l'objet d'un débat parmi les partis catalans. Le jugeant trop timoré, l'ERC avait en effet rompu ses attaches avec la majorité parlementaire. Or, pour le CIU-CDC, l'objectif est de freiner la montée en puissance de cette formation. La censure de 2010 et les succès continus d'ECR entre-temps ne laissent plus d'autres marges de manœuvre aux autonomistes que l'alignement sur la position indépendantiste.

La capitulation de l'État

Non seulement l'État ne représente pas un obstacle face à cette machine infernale, mais il en est même venu à la favoriser. Les gouvernements ont ainsi trouvé de plus en plus pratique de céder tel ou tel privilège pour s'acheter les grâces de tel ou tel baron local. La méthode a même été théorisée, systématisée : c'est la différenciation territoriale[1].

Son contenu juridique est variable et devait faire un important bon en avant en cas d'acceptation de la réforme constitutionnelle proposée par Emmanuel Macron en 2018. L'échec du texte a limité sa portée. Néanmoins, une loi organique aux contours constitutionnels flous a été adoptée en 2021[2], rénovant le régime d'expérimentation. La réforme constitutionnelle de 2003 permet par ailleurs la création de collectivités à statut particulier du type corse[3]. Enfin, des textes comme la loi de 2019 relative à la collectivité européenne d'Alsace, autorisent à doter certaines collectivités de compétences particulières. Au regard de ce corpus normatif, la différenciation repose sur trois piliers : une différenciation statutaire qui permet l'instauration de statuts particuliers ; une différenciation des compétences qui offre la possibilité à une collectivité d'en disposer d'autres que ses semblables ; une différenciation normative, enfin, qui ouvre un régime légal propre à certains territoires.

1. MOREL Benjamin, « La différenciation territoriale, émergence sans bruit d'un nouveau paradigme », *Revue du Droit public*, n° 4, 2022, p. 1053-1080.

2. Loi organique n° 2021-467 du 19 avril 2021 relative à la simplification des expérimentations mises en œuvre sur le fondement du quatrième alinéa de l'article 72 de la Constitution.

3. Loi n° 2019-816 du 2 août 2019 relative aux compétences de la Collectivité européenne d'Alsace.

Dans un article récent, le professeur Bertrand Faure relève ce point, à propos des dernières évolutions du droit relatif à la différenciation : « [La réalité que] les pratiques actuelles nous laissent apercevoir avec de plus en plus de clarté n'est pas nécessairement rassurante : c'est celle d'un État unitaire féodalisé dont les règles dépendent du jeu du bon plaisir politique[1]. »

Féodalisme et copinage

Dans son numéro du 27 janvier 2022, *Le Canard enchaîné* dévoile qu'Emmanuel Macron envisagerait de céder à Frédéric Bierry et de faire sortir la Collectivité européenne d'Alsace de la région Grand Est. Elle disposerait donc d'un statut semblable à celui de la Corse. On devrait être impressionné par les motivations d'intérêt général qui poussent un président de la République à prendre une aussi grave décision. On a vu les résultats délétères sur l'unité de la nation qui sont ici en balance. Selon le palmipède, il ne s'agit toutefois que de punir le président du Conseil régional du Grand Est, Jean Rottner, qui a eu le mauvais goût d'appeler à voter pour Valérie Pécresse. Voilà comment l'État, et en l'occurrence son chef, prend au sérieux l'indivisibilité de la République, en tout cas si on veut bien croire *Le Canard*. Naguère déjà, en créant la Collectivité

1. FAURE Bertrand, « Différenciation des normes : jeu de dupes », *Revue française de droit administratif*, 2, 2021, p. 313-318.

européenne d'Alsace, la majorité LREM s'est fait une amie en l'ancienne présidente LR du Conseil départemental du Haut-Rhin, Brigitte Klinkert. Elle terminera tête de liste LREM dans le Grand Est aux régionales de 2021, puis ministre déléguée à l'insertion et enfin députée. Cela dit, l'actuelle majorité n'a rien inventé et la responsabilité est bien répartie sur tous les bancs. La création sous François Hollande d'une autre collectivité à statut particulier, la Métropole de Lyon doit plus à la volonté de faire plaisir à Gérard Collomb qu'à une impérieuse nécessité d'intérêt général. En 2003 en Corse et en 2013 en Alsace, c'est la droite qui a poussé la création de collectivités à statut particulier.

Quelquefois, il s'agit juste d'éteindre le feu avant une élection. Le mot d'autonomie lancée par Sébastien Lecornu en direction de la Guadeloupe est immédiatement saisi par les nationalistes corses, auxquels le gouvernement finit par devoir donner des gages[1]. Il sera ensuite lâché de la même façon par Gérald Darmanin en mars 2022 pour éviter que les manifestations des nationalistes ne parasitent la campagne d'Emmanuel Macron. Au vu du bilan de la majorité nationaliste, pointé plusieurs fois pas la Cour des comptes[2], parler de nouvelles compé-

1. ORTOLI Paul, « Macron très attentif à la Corse avant 2022 : Un nouveau cycle de négociations s'est ouvert en octobre entre le président de l'exécutif insulaire et l'État », *Le Monde*, 21 décembre 2021, p. 11.

2. ORTOLI Paul, « Dotations : un rapport épingle la gestion de la Collectivité de Corse », *Le Monde*, 5 novembre 2021.

tences est évidemment urgent... En 2009, la dette de la Corse s'élevait à 1 092 € par habitant contre 2 370 € au 31 décembre 2019 – soit quinze fois plus que la Normandie. Mais qu'importe. D'ailleurs, le 10 décembre 2021, le gouvernement octroyait 50 millions d'euros pour aider à solder le passif de la SNCM. Il désavoue ainsi le préfet qui, en novembre, a mis la collectivité en demeure de payer. L'argent, les compétences, tout est négociable une veille d'élections. Emmanuel Macron n'est par ailleurs pas le premier à jouer ce triste jeu dans l'île. Six mois après l'assassinat du préfet Érignac, le gouvernement Jospin envoyait ses représentants à un séminaire intitulé « Régions insulaires et intégration européenne : comparaison entre la Corse et les îles Åland », organisé par le Centre européen pour les minorités, pour discuter avec Jean-Guy Talamoni[1]. Que dire par ailleurs de l'instrumentalisation par Régions de France du cas corse ? Non seulement les nationalistes, d'abord boudés, ont été portés aux nues par l'association, mais ils sont même devenus une source d'émulation[2]. Si la Corse obtient de nouvelles compétences, alors toutes les régions le peuvent. C'est une misère que

1. SAINT-PROT Charles, *L'État-nation face à l'Europe des tribus*, Paris, Éditions du Cerf, coll. « Idées », 2017.

2. Régions de France prend en considération la demande corse, notamment lors d'une forte parole d'Hervé Morin. En juillet 2021, Carole Delga doit pour sa part son élection à Gilles Simeoni et insiste donc sur le sujet corse. STROMBONI Alain, « Présidence de Régions de France : la Corse au centre de l'élection », *France 3 Via Stella*.

de voir certains présidents de régions, *a priori* attachés à l'unité de la République et de la nation, ne pas se révolter contre de tels agissements...

La cour des miracles du clientélisme politique reste la Bretagne. Jean-Yves Le Drian a pu renouer avec l'engagement de ses jeunes années régionalistes en fondant le Breizh Lab. Usant de son statut de ministre des Affaires étrangères, il y a fait défilé devant un parterre de militants, ministres des Affaires étrangères allemands et commissaires européens. Au sein du Breizh Lab, Romain Pasquier est chargé de penser différenciation. Et de manière très étonnante, le Breizh Lab propose une *Breizh* Assemblée de Bretagne. C'était bien la peine de lancer un think tank pour recycler la même idée qui, née dans les milieux collaborationnistes des années 1940, fut déjà reprise par l'UDB, puis par Jean-Jacques Urvoas... Au moins celle-ci a-t-elle pu être portée avec conviction[1] par Richard Ferrand, qui, n'oublions pas, ne se nourrit qu'aux rayons « produits bretons » des supermarchés[2]. Cette puissante idée devait lui offrir l'opportunité de devenir duc de Bretagne en s'emparant en 2021 du Conseil régional, au sein duquel il n'a même pas réussi à être réélu. Là encore, on notera le ridicule de petits calculs politiciens, aussi caricaturaux

1. CRÉHANGE Philippe, « Richard Ferrand. Son appel pour "une Bretagne en marche" », *Le Télégramme*, 8 février 2019.
2. BEAUMONT Olivier, « Rayons communautaires dans les supermarchés : Darmanin sème le trouble », *Le Parisien*, 22 octobre 2020.

que maladroits. Seulement, les conséquences sont graves. Le clientélisme permis par la différenciation autorise à promettre statuts et compétences dès lors que l'on est au pouvoir. Si la vanité et la vacuité des ambitions mises dans la balance font sourire, elles navrent aussi tant ces concessions pèsent sur l'unité du pays.

Moins impressionnant, mais tout aussi important, il faut évoquer le « Pacte d'accessibilité et de mobilité » et le « Contrat d'action publique » signés à Rennes entre Édouard Philippe et le Conseil régional de Bretagne en février 2019. On trouve dans ces différents documents, sans valeur normative, des promesses allant du soutien aux écoles Diwan à la création d'un parlement de l'eau. Le Gouvernement s'y engage également à adapter à la Bretagne la loi Pinel à travers une expérimentation concrétisée par l'article 164 de la loi de finances pour 2020. Le gouvernement Philippe s'inscrit donc en la matière dans la droite ligne du pacte d'avenir pour la Bretagne signé en 2016 par le gouvernement de Jean-Marc Ayrault. Diwan obtiendra une dotation complémentaire de 300 000 euros[1] dont les cadres légaux semblent pour le moins peu clairs. En effet, le ministère ne peut pas subventionner une école en

1. « En complément des soutiens de droit commun au réseau associatif Diwan, une dotation annuelle complémentaire de 300 000 € sera mobilisée par l'État sur les crédits gérés par les services centraux du ministère de l'Éducation nationale ». Contrat d'action publique pour la Bretagne, février 2019, p. 11.

partie privée sous contrat pour autre chose que des dépenses salariales pour le « sous contrat » et un forfait d'internat. La présidente de Diwan, Stéphanie Stoll, finira pour sa part sur la liste LREM aux élections régionales de 2021. Concernant les dispositions relatives à la loi Pinel, le sénateur Albéric de Montgolfier observe dans son rapport que « le choix de la région Bretagne ne semble pas relever d'une identification de besoins particuliers dans cette région [...], il apparaît ainsi que le choix de la région Bretagne résulte surtout d'un choix d'opportunité politique[1] ».

Disons-le, il ne s'agit là que de quelques exemples saillants pris sur ces quelques dernières années. Constatons-le également, ils ne touchent la majorité LREM que par effet d'aubaine. Il en ira de même demain avec une autre majorité, car c'est le système même de féodalisme différencié mis progressivement en place depuis 2003 qui est en cause. L'occasion fait le larron et permet de vendre, au nom de petits calculs, la République à la découpe.

L'égalité des territoires sacrifiée

Dans la présentation préalable au vote sur la consultation qu'elle propose, la Collectivité européenne d'Alsace avance des raisons curieuses. Une collectivité

1. *Ibid.* p. 408.

à statut particulier serait selon elle « l'assurance que l'argent des impôts des Alsaciens va bien aux projets qui les concernent[1] ». Vive la solidarité nationale... L'argument est également celui des nationalistes flamands ou de la Ligue du Nord.

En Espagne, la solidarité avec le reste du pays demeure l'un des *hiatus* majeurs entre Madrid et Barcelone. Le retournement catalan est d'ailleurs assez intéressant comme le note Hélène Dewaele Valderrábano : « Ne pouvant plus se financer sur le marché libre des capitaux, la Catalogne est contrainte de demander le sauvetage financier de l'État espagnol. Dès lors, la crise économique devient politique avec le slogan "L'Espagne nous vole" ; si la Catalogne est endettée, c'est parce que la politique fiscale issue du pacte constitutionnel la défavorise, en redistribuant les richesses vers les communautés autonomes les plus pauvres. Elle revendique un statut fiscal plus avantageux, mais le gouvernement populaire de Rajoy le lui refuse ; l'État espagnol est donc le coupable tout désigné. Artur Mas, que les politiques d'ajustement budgétaire avaient rendu impopulaire – une manifestation des indignés l'avait contraint, le 11 juin 2011, à se rendre au parlement catalan en hélicoptère – sauve sa tête en misant sur le "droit de décider" à Bruxelles[2]. »

1. Voir *entre-vos-mains.alsace.eu*.

2. DEWAELE VALDERRÁBANO Hélène, « Le nationalisme catalan et l'enjeu européen aux XXe-XXIe siècles », *Histoire, économie & société*, 3, 2021, p. 96-97.

En Écosse, le Scotland Act de 2012, faisant suite à l'arrivée au pouvoir du Scottish National Party, consiste essentiellement dans la dévolution de nouveaux pouvoirs fiscaux. Dès le moment où les ethnorégionalistes parviennent à obtenir la liquidation du sentiment d'appartenir à une même communauté nationale, c'est le tabou de la solidarité interterritoriale qui saute. Dès lors que l'État pour des raisons d'opportunisme politique y cède, c'est l'égalité entre les citoyens qui est mise à mal. En Italie, à la suite de la régionalisation fiscale en 2008, le produit intérieur brut de la riche Lombardie est passé de 346 milliards à 366 milliards d'euros en 2016. Le chômage a modérément crû de 4 à 6 %. En Calabre, en revanche, le produit intérieur brut est tombé de 33 816 à 33 054 milliards d'euros quand le chômage est monté de 12 % à 21,5 %. Sur la même période en comparaison, en Corse, région périphérique soutenue par l'État central, le produit intérieur brut a augmenté de 7 441 à 9 097 milliards d'euros. Le taux de chômage y est resté stable.

David Robert Agrawal et Dirk Foremny montrent ainsi que dans le cas du Pays basque espagnol, notamment, les compétences particulières de la collectivité en matière fiscale lui permettent de se comporter de manière prédatrice. Cette dernière joue sur la distorsion de concurrence pour attirer le tissu industriel des régions voisines[1]. En 2015, un rap-

1. AGRAWAL David R., FOREMNY Dirk, « Relocation of the Rich: Migration in Response to Top Tax Rate Changes From Spanish Reforms », *CESifo Working Paper Series*, 7027, 2018.

port consultatif du ministère des Finances espagnol fait état de la critique et de l'inquiétude de neuf régions concernant les avantages fiscaux basques. Le président basque Iñigo Urkullu annonce qu'un retour sur le sujet représenterait une ligne rouge. La montée de l'ethnorégionalisme rencontre, en outre, un carburant dans les revendications fiscales[1]. Or, le fédéralisme fiscal consiste en un affaiblissement de la solidarité nationale mal compensée par une péréquation interrégionale, par ailleurs aussi attaquée. La fin du fonds de péréquation italien a en effet été emportée par la Ligue. Dans les cent régions les plus pauvres d'Europe, on ne trouve pas de mouvement régionaliste significatif, à l'exception de l'Irlande du Nord[2]. Comme le constate Laurent Davezies : « Les théoriciens des finances publiques et du "fédéralisme fiscal" savent depuis longtemps que, plus un pays est décentralisé, moins il redistribue entre les populations et les territoires[3]. »

Ce refus de la solidarité nationale et du coût qu'elle engendre pour les régions les plus riches, n'est pas pour rien dans le financement de l'ethnorégionalisme. La Ligue du Nord est d'abord une mouvance

1. *Ibid.* ; BULL Anna Cento, « The Lega Nord and fiscal federalism: functional or postfunctional? », *Modern Italy*, 16/4, 2011, p. 437-447.

2. Depuis l'écriture du livre, sans doute faut-il ajouter la Corse. DAVEZIES Laurent, *Le Nouvel Égoïsme* territorial : Le grand malaise des nations, Paris, Seuil, 2015, p. 20.

3. DAVEZIES Laurent, *Le Nouvel Égoïsme territorial : Le grand malaise des nations*, *op.cit.*

poujadiste des petits patrons du Nord instrumentalisant le sentiment identitaire pour ne plus payer pour le Sud. Il en va de même en Bretagne, où le mouvement des bonnets rouges permet de dévier les critiques sociales dans une des régions qui compte parmi les plus riches, mais aussi parmi les plus inégalitaires de France[1]. « Nous les Bretons, avons du bon sens et savons nous débrouiller. » Cette idée justifie l'autonomisme dans les mains et avec le soutien d'une frange du patronat dans le cadre d'une économie en réalité fortement fondée sur les subventions de la PAC. La Bretagne n'a pas en effet, comme aux Pays-Bas ou au Danemark, investi dans sa croissance par la formation de ses salariés et la recherche industrielle.

Au-delà de la solidarité par l'impôt c'est l'universalité des droits et du système social qui est visée. En septembre 2018, Andrée Munchenbach, présidente d'Unser Land, était à Carhaix à l'invitation de l'UDB. Elle s'y trouve pour vanter une complémentaire santé bretonne à l'image de ce qui existe dans le régime de l'Alsace-Moselle. Si ce modèle est si parfait, pourquoi ne pas l'appliquer à l'échelle nationale ? Elle en profite pour rencontrer sur ce thème Jean-Michel Le Boulanger, Paul Molac et Christian Troadec. En 2021, un collectif d'élus demande une régionalisation de la

1. LOYER Barbara, GUYADER Bertrand, « Les Bonnets rouges : un mouvement pour un projet géopolitique », *Hérodote*, 154/3, 2014, p. 223-242.

santé en Bretagne[1], qui aurait pour conséquence de creuser les inégalités d'accès et de qualité de soins entre les régions[2]. Qu'importe au fond puisque nous ne devons plus être une nation. Pourquoi un Alsacien partagerait-il l'excellence de son système de santé, que lui permet de financer la prospère économie rhénane, avec un Calaisien plutôt qu'avec un Népalais ? Strasbourg ne peut pas accueillir toute la misère de France. Bizarrement ce type de demande est moins audible en Corse…

Il y a un sujet que les ethnorégionalistes ont su exploiter avec succès et constance jusqu'à en faire l'un de leurs chevaux de bataille. C'est celui du coût de l'immobilier et singulièrement celui de la spéculation. C'est un enjeu important qui touche l'ensemble du territoire. Entre 2012 et 2022, les prix ont crû de 21,7 % à Paris. En Corse, « en dix ans, ils ont grimpé de 6 % et d'un peu plus de 2 % en un an. Le prix moyen d'une maison avoisinerait les 3 200 euros le m² et serait légèrement supérieur à 3 000 euros le m² pour un appartement[3]. » La solution est donc simple et toute trouvée, il faut instaurer un statut du résident. Ce dernier est notamment soutenu par les nationalistes

1. LE FUR Laurent, « Un collectif d'élus réclame un service de santé régionalisé en Bretagne », *L'Écho de l'Armor et l'Argoat*, 8 avril 2021.

2. MOREL Benjamin, FOURMONT Alexis, VAILLOT Benoît, « Pourquoi la décentralisation n'est pas un remède miracle contre le Covid-19 », *The Conversation*, 28 avril 2020.

3. ROGER Patrick, « Le coup de semonce des indépendantistes corses », *Le Monde*, 29 août 2019.

corses et l'Union démocratique bretonne. Les Bretons et les Corses devraient pouvoir acheter sans entraves, mais les Parisiens, vils et spéculateurs, eux, non.

Ce discours est très porteur, malgré l'inconstitutionnalité et l'inconventionnalité de telles mesures. Par ailleurs, il est largement fondé sur une approche idéologique ou cynique du problème. Les études statistiques montrent que la plupart des flux sont intrarégionaux, voire intradépartementaux, et que la migration des Parisiens et assez largement un fantasme[1]. En Bretagne, « au premier trimestre 2021, sur les appartements anciens, 82,4 % des acquéreurs viennent de la même commune, du même département ou de la région et seuls 7,5 % des acheteurs sont originaires d'Île-de-France[2] ». En zone intensément touristique « 56 % des acquéreurs sont bretons et seulement 20 % d'Île-de-France dans le golfe du Morbihan[3] ». Le statut du résident est donc un leurre. Il s'agit uniquement d'une façon de stimuler la xénophobie de l'électorat breton. En Corse, la situation est, il est vrai, d'une autre nature, même si l'évolution tendancielle des prix est à relativiser hors des lieux touristiques. En 2014, la majorité, non encore nationaliste a voté une résolution souhaitant réserver l'acquisition aux

1. Nicolas MONDON et FIG Data, « Où les Français déménagent-ils ? », *Le Figaro*, 13 juillet 2022.

2. VILLAVERDE Maylen, « Immobilier en Bretagne : les prix flambent, mais ce n'est pas de la faute des Parisiens », *France 3 Bretagne*, 24 juin 2021.

3. CABIOCH Lionel, « Nés ici, on est obligé de se loger ailleurs… », *Ouest-France*, 3 février 2022.

personnes justifiant de « de cinq ans de résidence à titre permanent ». Elle prévoyait une dérogation pour « les Corses vivant à l'extérieur de l'île ». Il y aurait ainsi un gène corse qui, même quand on ne vit pas dans l'île, permettrait d'acheter. Comment définir le degré de corsité donnant droit à la propriété ? Sans chercher le point Godwin, cette résolution devrait tout de même rappeler quelques souvenirs. Remémorons-nous qu'elle a été votée par une majorité dominée par le Parti radical de gauche. En août 2019, Jean-Guy Talamoni, arrivé à la tête de l'assemblée, n'a donc pas inventé grand-chose, mais n'hésite pas à dire qu'il compte exproprier les continentaux propriétaires.

Si le traitement proposé par les ethnorégionalistes de la question est à la fois scandaleux quant aux principes et totalement inefficace, il est idéologiquement porteur. L'État est en effet responsable non pas d'être trop intervenu, d'avoir été ce vil État jacobin tant dénoncé, mais de s'être au contraire abstenu. C'est le manque de construction de logements, notamment sociaux, qui est en cause. Dans une situation de forte tension autour du logement, c'est également la taxation globale des résidences secondaires qui doit être interrogée. Si la tension sur les prix dans certaines régions n'est pas liée aux « Parisiens », ce sont surtout les riches locaux de Rennes, Nantes, Bastia ou Bordeaux qui veulent une maison sur la côte. L'idée largement développée de taxer de moins en moins les héritages est à cet égard inquiétante. Elle contribuerait à concentrer le patrimoine et à multiplier les résidences secondaires alors qu'une redistribution du parc immobilier est impérative. En bref, les problèmes sont réels et doivent être traités. Toutefois, ce sont des difficultés nationales qui ne peuvent, ni ne doivent être mises au service de propositions à fois inutiles et xénophobes.

Sur tous ces sujets, l'État tient encore bon. Les associations d'élus locaux se sont en revanche alignées. Pour Régions de France, en pointe en la matière, un pays dans lequel les inégalités régneraient tant à l'hôpital que face à l'impôt ou la propriété, semble une utopie. Il faudrait répondre favorablement à Gilles Simeoni, et, pourquoi pas, s'en servir comme modèle.

Il y a quand même un pan de l'action publique où l'État se couche peu à peu : l'éducation. L'article 6 de la loi Molac confère aux familles des élèves d'écoles immersives un véritable droit-créance opposable aux collectivités territoriales et à leurs contribuables. Inscrire son enfant dans une filière immersive en cas de non-présence d'un établissement dispensant un enseignement en langues régionales sur le territoire de la commune l'oblige ainsi à acquitter le forfait scolaire. Pour les petites communes, il s'agit d'une vraie « taxe Diwan ». Par ailleurs, le financement de ces structures s'entend aussi au niveau national. Ces écoles étant sous contrat, elles vivent de l'argent de l'État. C'est donc le contribuable de Seine-Saint-Denis qui paye pour que des jeunes issus des CSP+ échappent à la carte scolaire en apprenant le néo-breton là où jadis on parlait gallo. On réfléchit encore à l'intérêt général justifiant une telle participation du contribuable national. On cherche également l'argument que l'on pourra avancer le jour où, une école immersive en arabe ouvrant en Seine-Saint-Denis, on demandera au contribuable breton de concourir à son financement. Qu'opposera-t-on à cette création ? Que l'on n'a historiquement jamais parlé arabe en Seine-Saint-Denis ? Pas plus que néo-breton à Nantes ou Rennes. Que le nombre de locuteurs de cette langue sur le territoire est trop faible ? Il est plus important que le nombre de locuteurs de néo-breton en Ille-et-Vilaine. Que ce serait là un acte de séparatisme ? Justement…

Conclusion

> En France nous avons des races très différentes ; nous avons de nombreux habitants dont la langue a la même origine que celle de l'Irlande, c'est la langue celtique. En sont-ils moins bons français ? Non, ils ont la même administration, la même filiation ; tout est commun entre eux et le reste de la France : l'instruction, le recrutement, les travaux publics, tout est égal ; ils sont aussi français que tous les autres habitants de la France, quoiqu'ils parlent une langue extrêmement difficile. Je dirai la même chose si je me tourne du côté de l'Orient. En Alsace, l'allemand est encore la langue de la majorité des habitants. Mais comme ils ne forment pas une province à part comme il n'y a pas les États d'Alsace, comme il n'y a pas une administration particulière à l'Alsace, l'Alsacien sent qu'avant tout il est français, qu'il l'est complètement, qu'il l'est dans les parties de l'organisation départementale, arrondissementale, communale ; qu'il est aussi Français que ceux qui étaient de l'ancienne Île-de-France.
>
> Paul Dumont,
> compte rendu de séance
> de l'Assemblée nationale,
> *18 octobre 1848.*

Au fond de quoi doit-on s'indigner ? Pas vraiment de l'existence des formations ethnorégionalistes. Pour tout républicain, elles représentent évidemment un adversaire, mais un adversaire respectable qui, en règle générale, joue le jeu démocratique. Il faut leur reconnaître une créativité et une intelligence politique qui manquent aujourd'hui à beaucoup de mouvements. Le vrai souci vient du reste du personnel politique qui, non seulement n'engage pas le combat culturel contre ces formations, mais se rallie à leurs revendications. Si la France est menacée, ce n'est pas d'abord à cause des quelques bataillons d'ethnorégionalistes. C'est surtout parce que plus personne dans les partis nationaux n'est prêt à se battre pour l'indivisibilité de la République ou l'unité de la nation. Pourquoi la France, forte de son unité qui permettait à la fois de sauvegarder ses petites patries et de conforter la grande, cède-t-elle, comme jadis ses voisins, aux sirènes de l'ethnorégionalisme ? Par bêtise ? Sans doute. Bêtise de ses élites bercées d'idéologie et d'ignorance. Absurdité également d'un rapport au territoire vu et conçu à travers des excursions touristiques et un exotisme que sait nourrir le roman ethnorégionaliste. Mais la bêtise n'explique pas tout. Le cynisme et l'opportunisme sont aussi de mise. Bon nombre de femmes et hommes politiques n'hésitent pas à hypothéquer l'indivisibilité de la République, l'avenir du pays, pour quelques voix à des élections où, abstention massive aidant, elles peuvent faire la différence.

Mais les Français sont sur ce point bien plus conscients des enjeux que leurs élites. Un sondage pour le think tank L'Aurore de décembre 2019 montre ainsi qu'ils sont 65 % à être inquiets de la montée du régionalisme[1]. Cette préoccupation est particulièrement présente chez les sympathisants des Républicains (78 %) et du Modem (80 %). Elle reste au-delà très partagée par l'ensemble des électorats (y compris 58 % parmi les électeurs EELV)[2]. En cas d'affirmation de revendications régionalistes, 63 % des Français jugent qu'il faut se montrer inflexible sur l'unité de la République. Seuls 37 % trouvent acceptable d'accorder un statut particulier aux régions concernées. Le refus de céder aux autonomistes est particulièrement développé dans l'électorat d'Emmanuel Macron (78 % des électeurs du premier tour et 87 % des sympathisants LREM). Il en va de même à droite (75 % des sympathisants LR, 78 % des électeurs de François Fillon). Le refus de négocier est majoritaire dans tous les électorats à l'exception des sympathisants de la France insoumise (51 % souhaitent négocier). Cela marque toutefois une inadéquation avec les électeurs du premier tour de Jean-Luc Mélenchon, qui pour 57 % désirent affirmer l'unité de la République. Sur un cas concret, en opposant égalité et identité locale, 72 % des Français se disent défavorables au fait

1. IFOP pour *L'Aurore*, 11 au 13 décembre 2019.

2. La sérénité de 35 % de Français devant la poussée du régionalisme n'est toutefois pas forcément corrélée à leur sympathie vis-à-vis de ce dernier. Il peut tout autant être le signe d'une forme d'irénisme. Ainsi, le pourcentage de personnes inquiètes est équivalent auprès de ceux prêts à négocier avec les autonomistes et ceux s'y refusant fermement (64 % contre 66 %).

d'accéder aux revendications des autonomistes corses. C'est le cas notamment en matière de coofficialité de la langue dans l'administration et de statut du résident. Ce refus est particulièrement marqué dans l'électorat LREM (85 %), LR (84 %) et PS (79 %).

La France n'est donc pas encore en miettes ! Son peuple résiste à la dislocation. Mais pour combien de temps au vu des évolutions identitaires profondes que l'on a déjà discernées dans certaines régions ? Il convient de réagir vite et il est indispensable de dénoncer les capitulations. Il est également nécessaire d'appeler un chat un chat et un séparatisme un séparatisme, notamment quand il est abreuvé de fonds publics. Il faut aussi que certaines de nos élites se réveillent et cessent de se complaire dans une fausse culture des problèmes. Trois paragraphes sur une fiche de révision pour l'ENA et un livre de Lorànt Deutsch ne permettent pas de comprendre le rapport entre identité et organisation territoriale. Il est important, pour ce faire, de désidéologiser la décentralisation. Comme évoquée dans ce livre, l'opposition entre Jacobins et Girondins en la matière est dépourvue de profondeur historique. Il n'y a pas et il n'y a jamais eu de vils Jacobins qui chaque nuit rêvaient d'étouffer un peu plus le pouvoir local. Il ne doit pas y avoir, et jusqu'à récemment il n'y avait pas, de Girondins simplets jugeant que tout ce qui relève du local est exempt par principe de critique. Condorcet, Tocqueville et même Maurras, s'effrayaient du fait que ce que nous appelons l'ethnorégionalisme emporte la nation. Que ceux qui s'en revendiquent les héritiers les entendent.

Quelles solutions apporter à cette montée de l'ethno-régionalisme ? Outre le fait de réinvestir le terrain abandonné, il convient d'abord et avant tout de mettre fin à la machine infernale et au cercle vicieux des statuts particuliers. La différenciation territoriale qui s'impose progressivement depuis 2003 est le tombeau de la France. La décentralisation doit être repensée sur les bases et les motivations qui l'ont vu naître. Elle doit être un instrument de démocratisation des politiques publiques, ce qui suppose de vraies compétences avec de vraies sources de financement dans des cadres homogènes et stables. Notons par ailleurs que plus la collectivité est petite, plus la participation aux élections est importante[1]. Si ces cadres ne sont pas les plus performants, et si les politiques publiques sont perfectibles, qu'importe. La démocratisation implique qu'on sacrifie à une lisibilité qui permette à l'électeur de se prononcer sur un projet et sur un bilan. À défaut, on ne peut lui reprocher de s'abstenir.

On ne peut ensuite penser l'unité de la nation en abandonnant certaines de ses composantes. L'aménagement du territoire n'est pas une relique des Trente Glorieuses. Il faut à ce titre comme à d'autres redonner ses lettres de grandeurs à l'État, qui en France

1. Christian BORGHESI, Laura HERNÁNDEZ, Rémi LOUF, Fabrice CAPARROS, « Universal size effects for populations in group-outcome decision-making problems », *Physical review*, n° 88, vol. 6-1, 2013.

a construit la nation et dont la centralité est d'autant plus grande quand elle se délite. Ceux qui le vouent aux gémonies par électoralisme ou volonté de se dédouaner de leur obligation politique sont responsables de la situation que nous vivons. Cela n'est pas antinomique vis-à-vis de la décentralisation, au contraire. Comme le note le FMI, celle-ci nécessite une intervention importante de l'État pour ne pas être pourvoyeuse d'inégalités[1].

Il faut enfin cesser de laisser le terrain des petites patries aux ethnorégionalistes. Oui, les langues régionales doivent être apprises. Elles doivent même l'être plus, et mieux, qu'elles ne le sont aujourd'hui. Mais elles doivent être enseignées à l'endroit et dans la forme où elles furent, et sont heureusement parfois, encore parlées. C'est le rôle de l'École et le processus de prise en charge de l'apprentissage entamé ces dernières années doit se poursuivre. Il convient toutefois de ne point être naïf. L'Éducation nationale n'a pas pour mission de transmettre le programme idéologique de certains groupes, mais de sauver des cultures. Il convient à dessein de former des enseignants en langues qui ne soient pas des militants. Il faut aussi permettre aux instituteurs d'aborder l'histoire locale,

1. Caroline-Antonia GOERL, Mike SEIFERLING, « Income Inequality, Fiscal Decentralization and Transfer Dependency », *International Monetary Fund Working Paper*, 14/64, 2014 ; Cristian SEPULVEDA, Jorge MARTINEZ-VAZQUEZ, « The Consequences of Fiscal Decentralization on Poverty and Income Equality », *Environment and Planning C: Government and Policy*, 29/2 2011, p. 321-343.

celle de la commune et de la région proche, selon une approche que ne soit pas la mise en récit du roman ethnorégionaliste. La République doit faire le pari de l'intelligence et de la raison contre l'idéologie et l'obscurantisme. C'est à cette condition que la petite patrie portera à nouveau à la nation et à l'universel.

Table des matières

Deuxième partie
Une dynamique politique menant à la destruction du pays

Composition : Nord Compo

Achevé d'imprimer en janvier 2023
sur les presses de la Nouvelle Imprimerie Laballery
58500 Clamecy
Dépôt légal : février 2023
N° d'impression : 301213

Imprimé en France

La Nouvelle Imprimerie Laballery est titulaire de la marque Imprim'Vert®